# 广东省工程造价行业发展报告
# （2019—2020）

广州大学
中量工程咨询有限公司
广州市新誉工程咨询有限公司
广东宏正工程咨询有限公司
深圳市航建工程造价咨询有限公司
广东信仕德建设项目管理有限公司　　联合编著
广州众为工程咨询有限公司
珠海华信达工程顾问有限公司
广东拓腾工程造价咨询有限公司
建银工程咨询有限责任公司广东分公司
深圳市斯维尔科技股份有限公司
广东盛建工程事务咨询有限公司

中国建筑工业出版社

**图书在版编目（CIP）数据**

广东省工程造价行业发展报告. 2019—2020/广州大学等联合编著. —北京：中国建筑工业出版社，2021.8
ISBN 978-7-112-26429-2

Ⅰ. ①广… Ⅱ. ①广… Ⅲ. ①建筑造价-建筑业-发展-研究报告-广东-2019-2020 Ⅳ. ①F426.9

中国版本图书馆 CIP 数据核字（2021）第 154906 号

本报告以广东省工程造价行业面临的主要问题和行业发展新问题为主线，从全省行业发展状况、影响行业发展的主要环境因素、行业存在的主要问题及应对策略、专题报告以及行业新问题五个方面进行了分析与探讨。附录列举了 2019 年广东省工程造价咨询营业收入百强企业名录、广东省本专科院校开设工程造价与工程管理专业情况、广东省工程造价咨询企业信用评价结果、广东省二级造价工程师教育培训各市合作单位、广东省住房和城乡建设厅关于香港工程建设咨询企业和专业人士在粤港澳大湾区内地城市开业执业试点管理暂行办法等内容，以使读者更好地了解广东省工程造价行业的现状。

责任编辑：赵晓菲　张　磊　曹丹丹
责任校对：张惠雯

**广东省工程造价行业发展报告（2019—2020）**

广州大学
中量工程咨询有限公司
广州市新誉工程咨询有限公司
广东宏正工程咨询有限公司
深圳市航建工程造价咨询有限公司
广东信仕德建设项目管理有限公司
广州众为工程咨询有限公司
珠海华信达工程顾问有限公司
广东拓腾工程造价咨询有限公司
建银工程咨询有限责任公司广东分公司
深圳市斯维尔科技股份有限公司
广东盛建工程事务咨询有限公司
联合编著

*

中国建筑工业出版社出版、发行（北京海淀三里河路 9 号）
各地新华书店、建筑书店经销
霸州市顺浩图文科技发展有限公司制版
北京建筑工业印刷厂印刷

*

开本：787 毫米×960 毫米　1/16　印张：8¼　字数：164 千字
2021 年 9 月第一版　2021 年 9 月第一次印刷
定价：**40.00** 元
ISBN 978-7-112-26429-2
（37796）

**版权所有　翻印必究**
如有印装质量问题，可寄本社图书出版中心退换
（邮政编码 100037）

# 编写委员会

编写单位：广州大学
中量工程咨询有限公司
广州市新誉工程咨询有限公司
广东宏正工程咨询有限公司
深圳市航建工程造价咨询有限公司
广东信仕德建设项目管理有限公司
广州众为工程咨询有限公司
珠海华信达工程顾问有限公司
广东拓腾工程造价咨询有限公司
建银工程咨询有限责任公司广东分公司
深圳市斯维尔科技股份有限公司
广东盛建工程事务咨询有限公司

编写人员：陈德义　钟　泉　李绪泽　李军红　罗瑛玮
黄凯云　曹　萍　陈曼文　马九红　陈金海
何丹怡　吴　强　陈小明　虢小燕　张元新
刘景矿　张　磊　刘明群　罗小兰　罗　燕
孙　权　梁国康　李其海　彭　明　李慧萍
徐亚兰　宋　妍　罗　敏　王录锤　王泽宇
王丽云　余穗霞　梁乐曦　邹东源　刘天兴
刘　宁　刘余勤　熊　佳　梁雄生　黎小龙
古秋香　龙云云　徐　怡　黄焕辉　李未然

# 前　言

《国务院办公厅关于促进建筑业持续健康发展的意见》（国办发〔2017〕19号），提出要进一步深化建筑业“放管服”改革、坚持以市场化为导向、培育全过程工程咨询、规范工程价款结算等，指明了工程造价行业的发展方向。2018年全国住房和城乡建设工作会议把深化工程招标投标制度改革、加快推行工程总承包、发展全过程工程咨询等作为重点工作。国家发展改革委、住房城乡建设部发布的《关于推进全过程工程咨询服务发展的指导意见》（发改投资规〔2019〕515号）指出：改革开放以来，我国工程咨询服务市场化、专业化快速发展，形成了投资咨询、招标代理、勘察、设计、监理、造价、项目管理等咨询服务业态。部分专业咨询服务建立了执业准入制度，促进了我国工程咨询服务专业化水平提升。该文件同时强调必须完善政策措施，创新咨询服务组织实施方式，大力发展以市场需求为导向、满足委托方多样化需求的全过程工程咨询服务模式。2020年7月24日《住房城乡建设部办公厅关于印发工程造价改革工作方案的通知》（建办标〔2020〕38号），进一步推进了工程造价市场化改革，出台了一系列措施。广东省住房和城乡建设厅以粤港澳大湾区建设为契机，推动对港澳在建筑业领域实施特别开放措施，携手港澳建筑业企业共同参与“一带一路”倡议。广东省工程造价行业正是在这样的环境与机遇中不断地探索与前行。

中国建设工程造价管理协会发布《中国工程造价咨询行业发展报告》，为社会了解工程造价咨询行业现状提供了平台与渠道。为了更加深入地了解广东省工程造价行业所处状态及发展前景，我们继续以《广东省工程造价行业发展报告》的形式动态地反映广东省工程造价行业发展与改革进程，不断探索本行业的发展方向。由于编者所掌握的资料有限以及研究者的水平所限，本报告还存在许多不足和值得探讨的问题，恳请关注工程造价行业发展的业内人士和社会各界提出批评建议，共同关注和研究工程造价行业的发展。

感谢社会各界对编写广东省工程造价行业发展报告的大力支持，感谢课题组企业的支持与大力配合，感谢被调研单位的协助与支持。编写过程中参考了部分机构与学者的研究成果，在此一并感谢。

# 目　　录


第 1 章　全省行业发展状况………………………………………………… 1

1.1　工程造价企业数量分析 ………………………………………………… 1
1.2　工程造价企业结构分析 ………………………………………………… 3

第 2 章　影响行业发展的主要环境因素…………………………………… 7

2.1　经济因素 ………………………………………………………………… 7
2.2　市场因素………………………………………………………………… 10

第 3 章　行业存在的主要问题及应对策略 ……………………………… 15

3.1　行业存在的主要问题…………………………………………………… 15
3.2　应对策略………………………………………………………………… 19

第 4 章　专题报告 ………………………………………………………… 24

4.1　诚信建设………………………………………………………………… 24
4.2　BIM 技术 ……………………………………………………………… 26
4.3　信息化建设……………………………………………………………… 29
4.4　教育与培训……………………………………………………………… 32
4.5　全过程工程造价管理与全过程工程咨询……………………………… 37

第 5 章　行业新问题 ……………………………………………………… 41

5.1　“双 60”的取消 ……………………………………………………… 41
5.2　自贸区“证照分离改革，取消工程造价咨询资质”的影响………… 45
5.3　广东省造价改革………………………………………………………… 47
5.4　BIM 应用 ……………………………………………………………… 50
5.5　国际合作………………………………………………………………… 51
5.6　粤港澳大湾区建设……………………………………………………… 54
5.7　新基建…………………………………………………………………… 60
5.8　建筑工业化……………………………………………………………… 63

5.9 其他方面 …… 64
**附录1 2019年广东省工程造价咨询营业收入百强企业名录** …… 70
**附录2 广东省本专科院校开设工程造价与工程管理专业情况** …… 74
**附录3 广东省工程造价咨询企业信用评价结果** …… 80
**附录4 广东省二级造价工程师教育培训各市合作单位** …… 91
**附录5 广东省住房和城乡建设厅关于深化房屋建筑和市政基础设施工程领域招标投标改革的实施意见** …… 93
**附录6 广东省住房和城乡建设厅关于房屋建筑和市政基础设施工程施工过程结算的若干指导意见** …… 97
**附录7 广东省住房和城乡建设厅关于香港工程建设咨询企业和专业人士在粤港澳大湾区内地城市开业执业试点管理暂行办法** …… 101
**附录8 广东省建设培育产教融合型企业工作方案** …… 118
**参考文献** …… 123

# 第1章

# 全省行业发展状况

## 1.1 工程造价企业数量分析

2019年，《工程造价咨询统计报表制度系统》上报数据显示，广东省工程造价咨询企业共计420家，相较于2018年，同比增加1.69%，各类统计结果汇总如下：

在系统上报的420家工程造价咨询企业中，取得造价甲级资质的254家，占比60.48%；乙级及暂定乙级资质企业共166家，占比39.52%。具体分布情况为：珠三角地区共计352家，甲级资质228家，乙级资质124家；东翼共计25家，甲级资质10家，乙级资质15家；西翼共计17家，甲级资质8家，乙级资质9家；粤北山区共计26家，甲级资质8家，乙级资质18家。数据显示，广东省工程造价咨询企业主要集中在珠三角地区，企业数量达到企业总数的83.81%，甲级资质企业更是达到总数的89.76%。除珠三角地区之外的东、西翼以及粤北山区的企业占比较少，且分布较为均匀，东、西翼地区的企业占比为5.95%和4.05%，粤北山区企业数量略高于东、西翼地区。工程造价资源分布不均匀，南北差异较大（注：珠三角地区指由广州、深圳、佛山、珠海、东莞、中山、惠州、江门、肇庆九个城市组成的区域，东翼是指汕头、潮州、揭阳、汕尾四个城市，西翼是指湛江、茂名、阳江三市，粤北山区指韶关、梅州、清远、河源和云浮五个城市）。

2019年广东省工程造价咨询企业按资质分类汇总统计信息如表1-1和图1-1所示。

**2019年广东省各地市工程造价咨询企业按资质分类数量表（单位：家）表1-1**

| 序号 | 城市 | 工程造价咨询企业数量 | | |
|---|---|---|---|---|
| | 2019 | 合计 | 甲级 | 乙级 |
| 1 | 广州市 | 124 | 86 | 38 |
| 2 | 深圳市 | 106 | 76 | 30 |
| 3 | 珠海市 | 17 | 13 | 4 |

续表

| 序号 | 城市 | 工程造价咨询企业数量 | | |
|---|---|---|---|---|
| | 2019 | 合计 | 甲级 | 乙级 |
| 4 | 汕头市 | 13 | 9 | 4 |
| 5 | 佛山市 | 31 | 18 | 13 |
| 6 | 韶关市 | 5 | 0 | 5 |
| 7 | 河源市 | 3 | 2 | 1 |
| 8 | 梅州市 | 5 | 1 | 4 |
| 9 | 惠州市 | 20 | 10 | 10 |
| 10 | 汕尾市 | 8 | 1 | 7 |
| 11 | 东莞市 | 14 | 8 | 6 |
| 12 | 中山市 | 20 | 12 | 8 |
| 13 | 江门市 | 9 | 5 | 4 |
| 14 | 阳江市 | 5 | 2 | 3 |
| 15 | 湛江市 | 4 | 3 | 1 |
| 16 | 茂名市 | 8 | 3 | 5 |
| 17 | 肇庆市 | 11 | 0 | 11 |
| 18 | 清远市 | 10 | 4 | 6 |
| 19 | 潮州市 | 1 | 0 | 1 |
| 20 | 揭阳市 | 3 | 0 | 3 |
| 21 | 云浮市 | 3 | 1 | 2 |
| 合计 | | 420 | 254 | 166 |

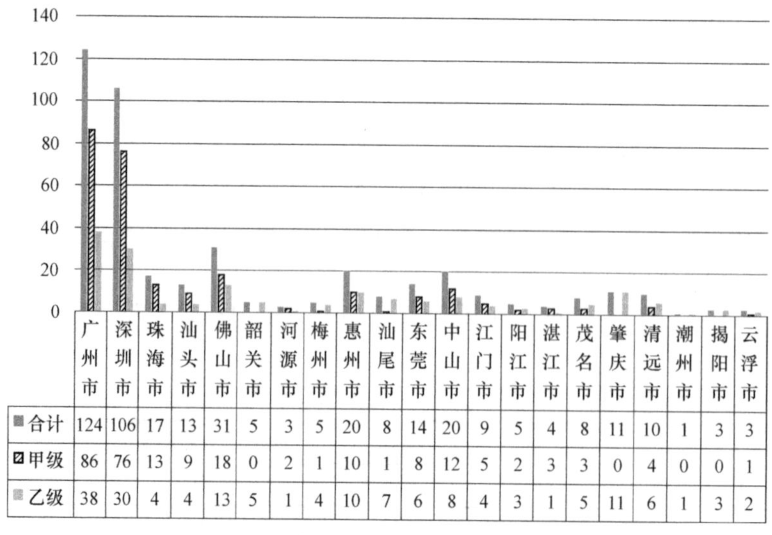


| | 广州市 | 深圳市 | 珠海市 | 汕头市 | 佛山市 | 韶关市 | 河源市 | 梅州市 | 惠州市 | 汕尾市 | 东莞市 | 中山市 | 江门市 | 阳江市 | 湛江市 | 茂名市 | 肇庆市 | 清远市 | 潮州市 | 揭阳市 | 云浮市 |
|---|---|---|---|---|---|---|---|---|---|---|---|---|---|---|---|---|---|---|---|---|---|
| 合计 | 124 | 106 | 17 | 13 | 31 | 5 | 3 | 5 | 20 | 8 | 14 | 20 | 9 | 5 | 4 | 8 | 11 | 10 | 1 | 3 | 3 |
| 甲级 | 86 | 76 | 13 | 9 | 18 | 0 | 2 | 1 | 10 | 1 | 8 | 12 | 5 | 2 | 3 | 3 | 0 | 4 | 0 | 0 | 1 |
| 乙级 | 38 | 30 | 4 | 4 | 13 | 5 | 1 | 4 | 10 | 7 | 6 | 8 | 4 | 3 | 1 | 5 | 11 | 6 | 1 | 3 | 2 |

图 1-1　2019 年广东省各地市工程造价咨询企业按资质分类数量图（单位：家）

通过以上数据和图示信息可知：2019 年，广东省工程造价咨询行业企业总体规模较大，其中甲级资质企业数量相较于 2018 年同比增长 1.4%。乙级资质企业数量相较于 2018 年有所下降，说明 2019 年度工程造价行业整体资质有所提升，企业实力有所增加，工程造价体制改革有了一定成效。

## 1.2　工程造价企业结构分析

### 1.2.1　企业总体情况

如图 1-2 所示，2015—2019 年广东省工程造价咨询企业数量分别为 361 家、378 家、402 家、413 家、420 家，分别比上一年增长 4.64%、4.71%、6.35%、2.74%、1.69%。从增速来看，2019 年工程造价咨询企业数量增加幅度继续变慢。甲级资质企业分别为 191 家、207 家、227 家、244 家、254 家，占比依次是：52.91%、54.76%、56.47%、59.08%、60.48%。乙级资质的企业分别为 170 家、171 家、175 家、169 家、166 家，占比依次是：47.09%、45.24%、43.53%、40.92%、39.52%。甲级资质企业不断增加，说明在广东省经济不断发展的同时，造价行业整体实力与水平也在不断提升。

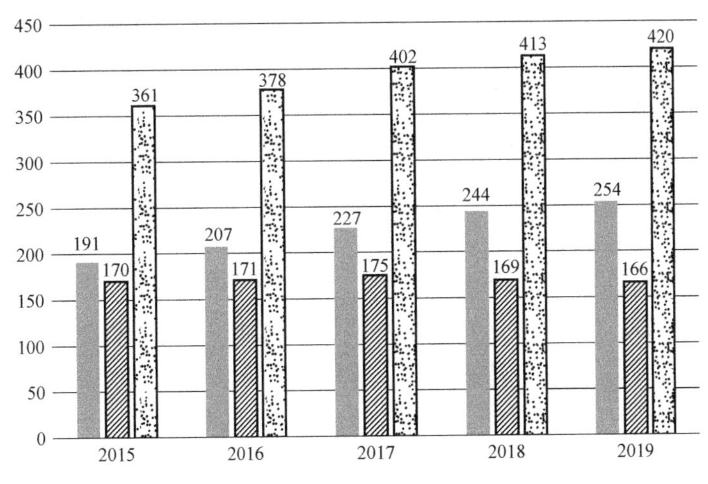


图 1-2　广东省 2015—2019 年工程造价咨询企业资质数量变化图

### 1.2.2　2015—2019 年企业数量按区域统计分析

广东省 2015—2019 年工程造价咨询企业数量按区域统计如表 1-2 和图 1-3 所示。

**广东省 2015—2019 年工程造价咨询企业按区域统计数量表（单位：家）　　表 1-2**

| 年份 | 珠三角地区 | 东翼 | 西翼 | 粤北山区 |
|---|---|---|---|---|
| 2015 | 302 | 25 | 15 | 19 |
| 2016 | 292 | 26 | 20 | 20 |
| 2017 | 329 | 28 | 20 | 25 |
| 2018 | 344 | 24 | 20 | 25 |
| 2019 | 352 | 25 | 17 | 26 |

图 1-3　广东省 2015—2019 年各区域工程造价咨询企业数量分布图

由以上数据和图示信息可知：2015—2019 年，广东省不同区域工程造价咨询企业数量差异较大。受各区域经济发展状况的影响，广东省造价咨询企业基本集中在珠三角地区，而东、西翼和粤北山区由于受到核心区域经济辐射的范围有限，经济发展较为缓慢，故而工程造价咨询企业数量较少。同时，珠三角地区 2015—2019 年的同比增长率分别是 5.23%、－3.31%、12.67%、4.56%、2.33%，企业在整体数量上呈现上升趋势，说明珠三角地区工程造价企业发展状况良好。

### 1.2.3　2015—2019 年企业数量按资质统计分析

2015—2019 年广东省各地市企业数量按资质分类统计如表 1-3 和图 1-4 所示。

**2015—2019 年广东省各地市工程造价咨询企业按资质分类统计表（单位：家）**　　**表 1-3**

| 序号 | 地区名称 | 2015 年 | | | 2016 年 | | | 2017 年 | | | 2018 年 | | | 2019 年 | | |
|---|---|---|---|---|---|---|---|---|---|---|---|---|---|---|---|---|
| | | 合计 | 甲级 | 乙级 | 合计 | 甲级 | 乙级 | 合计 | 甲级 | 乙级 | 合计 | 甲级 | 乙级 | 合计 | 甲级 | 乙级 |
| 1 | 广州市 | 111 | 63 | 48 | 114 | 72 | 42 | 118 | 80 | 38 | 124 | 84 | 40 | 124 | 86 | 38 |
| 2 | 深圳市 | 84 | 53 | 31 | 89 | 59 | 30 | 98 | 61 | 37 | 105 | 70 | 35 | 106 | 76 | 30 |
| 3 | 珠海市 | 21 | 12 | 9 | 20 | 12 | 8 | 19 | 12 | 7 | 19 | 13 | 6 | 17 | 13 | 4 |
| 4 | 汕头市 | 15 | 8 | 7 | 13 | 8 | 5 | 13 | 8 | 5 | 13 | 9 | 4 | 13 | 9 | 4 |
| 5 | 佛山市 | 25 | 17 | 8 | 28 | 17 | 11 | 30 | 18 | 12 | 32 | 19 | 13 | 31 | 18 | 13 |
| 6 | 韶关市 | 6 | 0 | 6 | 6 | 0 | 6 | 6 | 0 | 6 | 4 | 0 | 4 | 5 | 0 | 5 |
| 7 | 河源市 | 2 | 2 | 0 | 2 | 2 | 0 | 2 | 2 | 0 | 2 | 2 | 0 | 3 | 2 | 1 |
| 8 | 梅州市 | 3 | 0 | 3 | 3 | 0 | 3 | 5 | 1 | 4 | 6 | 1 | 5 | 5 | 1 | 4 |
| 9 | 惠州市 | 15 | 6 | 9 | 18 | 7 | 11 | 18 | 10 | 8 | 19 | 9 | 10 | 20 | 10 | 10 |
| 10 | 汕尾市 | 4 | 0 | 4 | 5 | 0 | 5 | 9 | 1 | 8 | 7 | 1 | 6 | 8 | 1 | 7 |
| 11 | 东莞市 | 13 | 6 | 7 | 13 | 6 | 7 | 13 | 7 | 6 | 13 | 8 | 5 | 14 | 8 | 6 |
| 12 | 中山市 | 20 | 10 | 10 | 20 | 11 | 9 | 21 | 11 | 10 | 20 | 11 | 9 | 20 | 12 | 8 |
| 13 | 江门市 | 6 | 1 | 5 | 6 | 1 | 5 | 6 | 2 | 4 | 6 | 2 | 4 | 9 | 5 | 4 |
| 14 | 阳江市 | 2 | 1 | 1 | 4 | 1 | 3 | 5 | 1 | 4 | 5 | 1 | 4 | 5 | 2 | 3 |
| 15 | 湛江市 | 6 | 4 | 2 | 6 | 4 | 2 | 7 | 4 | 3 | 7 | 4 | 3 | 4 | 3 | 1 |
| 16 | 茂名市 | 7 | 2 | 5 | 7 | 2 | 5 | 8 | 2 | 6 | 8 | 3 | 5 | 8 | 3 | 5 |
| 17 | 肇庆市 | 7 | 1 | 6 | 7 | 0 | 7 | 6 | 1 | 5 | 6 | 1 | 5 | 11 | 0 | 11 |
| 18 | 清远市 | 6 | 4 | 2 | 7 | 4 | 3 | 9 | 4 | 5 | 10 | 4 | 6 | 10 | 4 | 6 |
| 19 | 潮州市 | 4 | 0 | 4 | 4 | 0 | 4 | 3 | 0 | 3 | 1 | 0 | 1 | 1 | 0 | 1 |
| 20 | 揭阳市 | 2 | 0 | 2 | 4 | 0 | 4 | 3 | 1 | 2 | 3 | 1 | 2 | 3 | 0 | 3 |
| 21 | 云浮市 | 2 | 1 | 1 | 2 | 1 | 1 | 3 | 1 | 2 | 3 | 1 | 2 | 3 | 1 | 2 |
| 22 | 合计 | 361 | 191 | 170 | 378 | 207 | 171 | 402 | 225 | 177 | 413 | 244 | 169 | 420 | 254 | 166 |

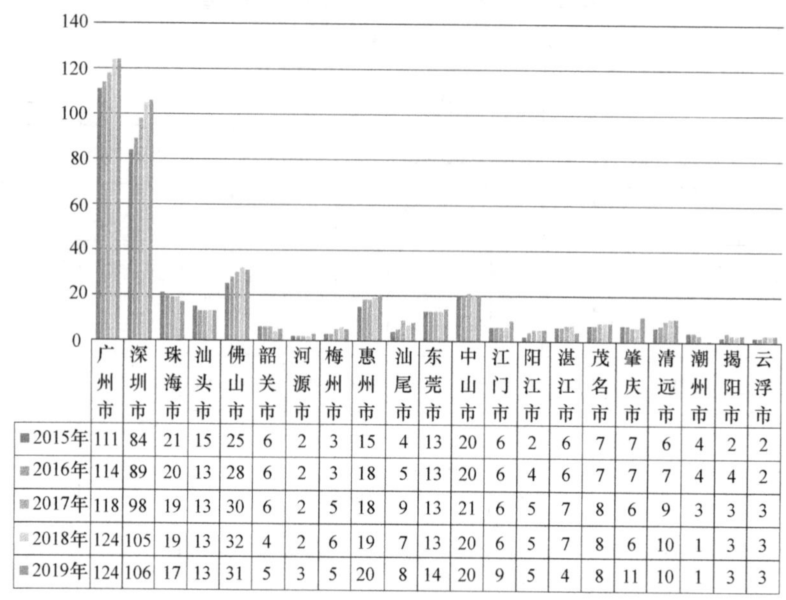


| | 广州市 | 深圳市 | 珠海市 | 汕头市 | 佛山市 | 韶关市 | 河源市 | 梅州市 | 惠州市 | 汕尾市 | 东莞市 | 中山市 | 江门市 | 阳江市 | 湛江市 | 茂名市 | 肇庆市 | 清远市 | 潮州市 | 揭阳市 | 云浮市 |
|---|---|---|---|---|---|---|---|---|---|---|---|---|---|---|---|---|---|---|---|---|---|
| ■2015年 | 111 | 84 | 21 | 15 | 25 | 6 | 2 | 3 | 15 | 4 | 13 | 20 | 6 | 2 | 6 | 7 | 7 | 6 | 4 | 2 | 2 |
| ■2016年 | 114 | 89 | 20 | 13 | 28 | 6 | 2 | 3 | 18 | 5 | 13 | 20 | 6 | 4 | 6 | 7 | 7 | 7 | 4 | 4 | 2 |
| ■2017年 | 118 | 98 | 19 | 13 | 30 | 6 | 2 | 5 | 18 | 9 | 13 | 21 | 6 | 5 | 7 | 8 | 6 | 9 | 3 | 3 | 3 |
| ■2018年 | 124 | 105 | 19 | 13 | 32 | 4 | 2 | 6 | 19 | 7 | 13 | 20 | 6 | 5 | 7 | 8 | 6 | 10 | 1 | 3 | 3 |
| ■2019年 | 124 | 106 | 17 | 13 | 31 | 5 | 3 | 5 | 20 | 8 | 14 | 20 | 9 | 5 | 4 | 8 | 11 | 10 | 1 | 3 | 3 |

图 1-4　2015—2019 年度广东省各地市工程造价咨询企业数量按资质统计变化图

不同资质等级工程造价咨询企业在不同区域及地市的分布数量反映了该地区工程造价咨询企业的发展状况。通过表 1-3 和图 1-4 可知：2015—2019 年，广东省各地市工程造价咨询企业数量规模及变化趋势相差较大。从各地市每年的企业数量分析看，总体来说，广州和深圳的企业数量明显高于其他地区，但由于广州与深圳改革开放多年，经济发展较为平缓，故在近五年工程造价企业数量保持稳定的低速增长，体现了行业间激烈的竞争性。工程造价行业也呈现一定程度的饱和状态，造价咨询企业的数量基数大，但增速较缓。

# 第2章

# 影响行业发展的主要环境因素

## 2.1 经济因素

### 2.1.1 固定资产投资逐步增长

固定资产投资包括房产、建筑物、机器、运输工具以及企业基本建设、更新改造和大修理等，而工程造价指的是建设一项工程所花费的费用，在一定程度上，固定资产投资情况反映了建筑业内市场情况和经济情况，因此，了解固定资产投资情况有利于分析影响工程造价发展的关键因素。

(1) 国内固定资产投资幅度收窄

2020年下半年以来，新型冠状病毒肺炎疫情（以下简称“疫情”）防控形势持续向好，复工复产复商复市加快推进，上半年全国经济先降后升，二季度经济增长由负转正，主要指标恢复性增长，经济运行稳步复苏，基本民生保障有力，市场预期总体向好。据初步核算，2020年上半年国内生产总值456614亿元，按可比价格计算，同比下降1.6%。按季度来看，一季度同比下降6.8%，二季度增长3.2%。按产业来看，第一产业增加值26053亿元，同比增长0.9%；第二产业增加值172759亿元，下降1.9%；第三产业增加值257802亿元，下降1.6%。二季度国内生产总值环比增长11.5%。

2020年上半年，全国固定资产投资（不含农户）281603亿元，同比下降3.1%，降幅比1～5月收窄3.2个百分点，比一季度收窄13.0个百分点。分领域看，基础设施投资下降2.7%，制造业投资下降11.7%，降幅比一季度分别收窄17.0、13.5个百分点；房地产开发投资增长1.9%，一季度为下降7.7%。全国商品房销售面积69404万平方米，下降8.4%；商品房销售额66895亿元，下降5.4%，降幅比一季度分别收窄17.9、19.3个百分点。分产业看，第一产业投资增长3.8%，一季度为下降13.8%；第二产业投资下降8.3%，第三产业投资下降1.0%，降幅比一季度分别收窄13.6、12.5个百分点。民间投资157867亿元，下降7.3%，降幅比一季度收窄11.5个百分点。高技术产业投资增长

6.3%，一季度为下降12.1%，其中高技术制造业和高技术服务业投资分别增长5.8%和7.2%。高技术制造业中，医药制造业、计算机及办公设备制造业投资分别增长13.6%、8.2%；高技术服务业中，电子商务服务业、科技成果转化服务业投资分别增长32.0%、21.8%。社会领域投资增长5.3%，一季度为下降8.8%，其中卫生、教育投资分别增长15.2%、10.8%，一季度为分别下降0.9%、4.0%。从环比看，6月固定资产投资（不含农户）比上月增长5.9%。

（2）广东省固定资产投资恢复性增长，经济运行稳步复苏

根据地区生产总值统一核算结果，2020年上半年广东省地区生产总值49234.20亿元，同比下降2.5%。其中，第一产业增加值为1914.72亿元，同比增长1.6%；第二产业增加值为18798.81亿元，同比下降6.2%；第三产业增加值为28520.67亿元，同比增长0.1%。

上半年，广东固定资产投资同比增长0.1%，增幅比一季度回升15.4个百分点。从产业看，生猪养殖绿色转型升级推动第一产业投资大幅增长35.8%；第二产业降幅比一季度收窄14.6个百分点；第三产业实现年内首次转正，同比增长2.3%。从类型看，国有经济投资大幅增长23.9%，民间投资降幅比一季度收窄12.7个百分点。从行业看，采矿业增长58.7%，电力、热力、燃气及水的生产和供应业增长23.0%。防疫物资生产相关行业投资加大，医药制造业、医疗设备及仪器仪表制造业分别增长50.3%和25.5%，推动高技术制造业降幅比一季度收窄21.1个百分点。先进制造业投资降幅比一季度收窄17.1个百分点，其中石油煤炭及其他燃料加工业投资大幅增长54.4%。基础设施投资提速，上半年增长7.2%，增幅比一季度提高18.6个百分点。其中，以5G、数据中心等为代表的新基建带动电信广播电视和卫星传输服务投资增长18.6%；民生领域加大投入，教育业投资增长27.5%，卫生和社会工作投资增长35.9%。房地产开发投资实现2020年以来首次正增长，上半年同比增长2.5%。

2020年以来，广东全面落实因城施策，稳地价、稳房价、稳预期的长效管理调控机制，房地产市场保持基本稳定。

房地产开发投资逐步恢复。上半年，广东房地产开发投资7433.89亿元，同比增长2.5%，为2020年以来首次实现正增长，增幅比一季度提高10.8个百分点。分工程用途看，住宅、办公楼、商业营业用房等均实现正增长，与一季度相比，增速快速回升。上半年，广东商品住宅投资增长1.1%，增幅比一季度提高13.6个百分点；商业营业用房投资增长2.5%，增幅提高9.1个百分点；其他投资增长8.5%，增幅提高0.7个百分点。

商品房销售面积降幅持续收窄。上半年，广东商品房销售面积同比下降16.8%，降幅比一季度收窄12.3个百分点；商品房销售额下降16.1%，降幅比一季度收窄9.3个百分点。

此外，2020年上半年，广东省资质以上总承包和专业分包建筑业企业完成总产值6859.91亿元，同比增长4.0%，增幅比一季度提高16.5个百分点；企业在手合同充足，新签合同额增速较快。二季度，广东省总承包和专业分包建筑企业签订合同额同比增长13.5%，其中，上年结转合同额增长15.2%，本年新签合同额增长9.0%。

### 2.1.2　居民收入支出情况及就业形势

商品房项目作为建筑工程项目的一个重要分支，是研究建筑工程项目工程造价的重要部分。随着我国经济的不断发展，房地产市场进入快速发展阶段，房地产业也逐渐成为我国经济发展的支柱性产业。但是最近几年，房价的快速增长已经超过了居民收入的增长幅度，导致居民收入对房价的支撑力下降，房地产业出现了房价收入比过高、房地产市场投资过剩等一系列问题。

（1）全国居民收入支出情况

2020年上半年，全国居民人均可支配收入15666元，同比名义增长2.4%，增速比一季度加快1.6个百分点；扣除价格因素实际下降1.3%，降幅收窄2.6个百分点。按常住地分，城镇居民人均可支配收入21655元，名义增长1.5%，实际下降2.0%；农村居民人均可支配收入8069元，名义增长3.7%，实际下降1.0%。从收入来源看，全国居民人均工资性收入同比名义增长2.5%，经营净收入下降5.1%，财产净收入增长4.2%，转移净收入增长8.2%。城乡居民人均收入比值2.68，比上年同期缩小0.06。全国居民人均可支配收入中位数13347元，同比名义增长0.5%。可以看出上半年全国居民实际收入降幅明显收窄。

上半年，全国居民消费价格同比上涨3.8%，涨幅比一季度回落1.1个百分点。其中，城市上涨3.6%，农村上涨4.7%。分类别看，食品烟酒价格同比上涨12.2%，衣着下降0.1%，居住下降0.1%，生活用品及服务上涨0.1%，交通和通信下降3.2%，教育文化和娱乐上涨2.0%，医疗保健上涨2.1%，其他用品和服务上涨5.0%。在食品烟酒价格中，粮食上涨1.0%，鲜菜上涨3.4%；猪肉价格上涨104.3%，比一季度回落18.2个百分点。扣除食品和能源价格后的核心CPI上涨1.2%。6月全国居民消费价格同比上涨2.5%，环比下降0.1%。

（2）广东省的就业形势和居民消费情况

根据2019/2020年月度劳动力调查显示，近3个月，广东就业人口比波动较小，处于稳定区间，劳动力市场就业吸纳能力恢复至接近1月水平。6月末，全省“四上”单位中，娱乐业、电气机械和器材制造业从业人员期末人数比3月末增长10.3%和3.7%；水利管理业、土地管理业、公共设施管理业从业人员（可比口径）分别同比增长 17.0%、6.4%和 5.9%。全省城镇新增就业、失业人员再就业、就业困难人员实现就业分别完成年度任务的 48.4%、47.1%和 43.7%。城镇登记失业率 2.43%，控制在目标范围内。

此外，上半年广东居民消费价格指数（CPI）累计上涨 4.5%，涨幅比 1～5 月继续回落 0.4 个百分点。6 月，居民消费价格指数同比上涨 2.7%，环比下降 0.1%。上半年，工业生产者出厂价格比上年同期下降 0.7%，工业生产者购进价格下降 2.3%。

总的来看，上半年，广东经济逐步克服疫情带来的不利影响，经济运行呈恢复性增长和稳步复苏态势，发展韧性凸显。同时也看到，一些指标仍处下降区间，要弥补疫情带来的损失仍需时日。当前国际疫情依然在蔓延扩散，全省防范疫情输入压力仍然较重，经济恢复面临较大压力。下一步，广东省将坚持以习近平新时代中国特色社会主义思想为指导，把统筹推进常态化疫情防控和经济社会发展工作贯通起来，坚持目标引领和问题导向，积势蓄势谋势，识变求变应变，抓重点、补短板、强弱项，扎实做好“六稳”工作，全面落实“六保”任务，确保各项决策部署落地生根，坚决打赢脱贫攻坚战，努力完成全面建成小康社会目标任务。

## 2.2 市场因素

### 2.2.1 行业市场招标投标规则不断完善

2020 年 7 月 29 日，住房城乡建设部办公厅印发通知，在全国房地产开发项目以及北京市、浙江省、湖北省、广东省、广西壮族自治区有条件的国有资金投资的房屋建筑、市政公用工程项目进行工程造价改革试点。通知还公布了《工程造价改革工作方案》，提出推行清单计量、市场询价、自主报价、竞争定价的工程计价方式。

《工程造价改革工作方案》指出，加快转变政府职能，优化概算定额、估算指标编制发布和动态管理，取消最高投标限价按定额计价的规定，逐步停止发布预算定额。搭建市场价格信息发布平台，统一信息发布标准和规则，鼓励企事业单位通过信息平台发布各自的人工、材料、机械台班市场价格信息，供市场主体选择。

此外，为了持续完善招标投标机制，严防恶性低价竞争，国家发展改革委、科技部、工业和信息化部、生态环境部、银保监会、全国工商联等六部门联合印发了《关于营造更好发展环境支持民营节能环保企业健康发展的实施意见》。

在营造公平开放的市场环境方面，《关于营造更好发展环境支持民营节能环保企业健康发展的实施意见》要求持续完善招标投标机制，倡导质量优先的评标原则，鼓励适度增加技术标权重，严防恶性低价竞争。招标投标活动中不得设置影响民营企业准入的限制性规定，不得设置与节能环保业务能力无关的企业规模门槛，不得设置明显超过项目需求的业绩门槛。各地不得以签署战略性合作协议等方式，为特定企业在招标投标中谋取竞争优势，不得设置与企业性质挂钩的行业准入、资质标准等。

适度增加技术标权重符合全过程造价咨询的发展方向，全过程造价咨询业务服务周期较长，全过程造价咨询服务方案及前期策划应提供可持续发展性的人员安排部署、信息化布置、全过程造价咨询实施规划、全过程阶段性成果文件质量监督体系等内容，明确造价咨询的内容和范围，构建合适的组织结构，确定具体的工作流程，以确保全过程造价咨询业务的顺利开展，促进造价行业市场的健康发展。

此外，12月9日，住房城乡建设部建筑市场监管司发布关于《建筑市场信用信息分级标准（征求意见稿）》（以下简称《分级标准》）公开征求意见的通知。《分级标准》总则中指出，建筑市场失信行为信息的认定应以具有法律效力的文书为依据，包括生效的司法裁判文书和仲裁文书，行政处罚、行政裁决、行政强制、行政处理等行政行为决定书，将相关主体列入有关领域严重失信行为的决定文书等。有关单位在认定信息时应明确作为依据的文书名称及相关表述。建筑市场失信行为信息实行分级管理，按照性质、危害程度的不同分为A级、B级、C级等失信等级。

串标、借用资质投标等失信行为将列入建筑市场主体“黑名单”，此举有助于规范招标投标行为，促进市场公平竞争。

### 2.2.2 双区驱动效应推动高质量发展

《2020年广东省政府工作报告》（以下简称《报告》）对过去一年粤港澳大湾区以及深圳先行示范区的建设工作做了回顾。《报告》指出充分发挥利用好叠加的“双区驱动效应”，粤港澳大湾区建设取得积极进展，深圳先行示范区建设扎实推进。认真落实中央重大战略部署，细化实化各项具体举措。出台广东省贯彻落实《粤港澳大湾区发展规划纲要》的实施意见和三年行动计划。以“湾区通”工程为抓手，大力推动三地规则衔接，境外高端紧缺人才个人所得税优惠政策全面落实，首期200亿元的粤澳合作发展基金运作顺利，建筑、旅游、医疗等执业资格认可取得新进展。推进粤港澳大湾区国际科技创新中心建设，深港科技创新合作区获批实施先行先试政策，支持港澳高校和科研机构参与广东省科技计划项目，首次实现省财政科研资金跨境港澳使用。基础设施互联互通加快推进，港珠澳大桥运营管理水平不断提升，横琴口岸旅检大楼建成，皇岗口岸重建工程启动。民生领域合作取得新进展，港澳创业者纳入内地创业补贴扶持范围，与港澳共建 13 家青年创新创业基地，启动建设香港科技大学（广州）。成功举办首届粤港澳大湾区媒体峰会、文化艺术节、华侨华人粤港澳大湾区大会等重大活动。出台支持深圳建设先行示范区若干重大措施，以同等力度支持广州实现老城市新活力和“四个出新出彩”，建立特事特办工作机制，赋予两市更大改革发展自主权，中心城市的核心引擎作用进一步增强。

《报告》进一步明确了 2020 年政府推进粤港澳大湾区及深圳先行示范区建设的具体工作安排，深入推进粤港澳大湾区建设，支持深圳建设先行示范区和广州实现老城市新活力，加快构建“一核一带一区”区域发展新格局。充分释放“双区驱动效应”，发挥广州、深圳“双核联动、比翼双飞”作用，牵引带动“一核一带一区”在各自跑道上赛龙夺锦，形成优势互补、高质量发展的区域经济布局。

深入落实《粤港澳大湾区发展规划纲要》，按照五大战略定位，与港澳共同打造世界级创新平台和增长极。加快建设具有全球影响力的国际科技创新中心，推进综合性国家科学中心先行启动区建设，打造广深港澳科技创新走廊。聚焦规则衔接，深化体制机制创新，优化珠三角九市在市场准入、产权保护、政务服务等方面的制度安排。加强基础设施互联互通，推进粤澳新通道建设、皇岗口岸重建和深圳湾口岸 24 小时通关，完善港澳机动车便利入出内地政策措施。加快南沙国际航运贸易枢纽建设，积极争取前海深港现代服务业合作区扩区。推动珠澳合作开发横琴，规划建设粤澳深度合作区，加快澳珠极点建设步伐。抓好中新（广州）知识城等重大平台建设。全面落实中央惠港惠澳政策，实施“湾区通”工程，大力推进港澳青年创新创业基地建设，推动在粤工作生活的港澳居民民生方面享有本地市民待遇，积极推进粤港澳合作办学、合作办医，强化生态环保合作，打造宜居宜业宜游的优质生活圈。

全力支持深圳先行示范区建设。支持深圳加大改革创新力度，努力创建社会主义现代化强国城市范例。赋予深圳更加充分的省级经济社会管理权限，率先实施综合授权改革试点。以深圳为主阵地建设综合性国家科学中心，加快深港科技创新合作区、光明科学城、西丽湖国际科教城等平台建设，力争在关键核心技术攻关、战略性新兴产业发展等方面实现新突破。支持深圳建设粤港澳大湾区大数据中心。支持深圳用足用好经济特区立法权，打造国际一流法治化营商环境，提高超大城市社会治理水平。支持深圳建设文化强市，增加优质教育、医疗资源供给，构建高水平的社会保障体系。支持深圳实行最严格的生态环境保护制度，创新城市空间统筹利用模式，打造可持续发展先锋。认真筹办经济特区建立 40 周年庆祝活动。

支持广州实现老城市新活力和“四个出新出彩”。以支持深圳同等力度支持广州，强化省会城市、产业发展和宜居环境功能，建设现代化、国际化营商环境，全面提升城市发展能级。支持广州发挥国际科技创新中心的重要引擎作用，大力发展新一代信息技术、人工智能、生物医药、新能源智能网联汽车等产业，建设国家人工智能和数字经济试验区，打造国际综合交通枢纽和教育医疗中心，增强综合城市功能。支持广州提升城市文化综合实力，建设高水平文化产业基地和体育名城，以“绣花”功夫提升城市品质。支持广州打造老城市商贸业转型升级范例，提升金融、会展等发展水平，建设具有国际影响力的现代服务业强市。

### 2.2.3　对外开放深入推进

《报告》对广东省过去一年的改革开放工作做了总结，并提出了今年的工作安排。

在过去的 2019 年，广东省坚定不移扩大开放，加大多元市场开拓和重大外资项目引进力度，开放型经济水平实现新提升。大力推进全方位对外开放，加快建立与国际接轨的投资贸易规则体系，努力把开放的大门越开越大。出台外贸高质量发展 32 项措施，多渠道开拓国际市场，对欧盟、东盟进出口分别增长 11.1%和 6.9%。加快发展外贸新业态，跨境电商进出口增长 45.8%，二手车出口试点顺利启动。深入落实外商投资负面清单和“外资十条”，进一步减少市场准入限制，在用地保障、人才支持等方面营造更具吸引力的投资环境，预计实际到资超 1 亿美元项目数量增长 19.4%。投资总额超 100 亿美元的湛江巴斯夫项目开工建设，成为我国首个外商独资大型石化一体化项目、广东省最大的单一外资项目。惠州埃克森美孚、中海壳牌三期等重大外资项目顺利推进，GE 海上风电制造基地正式开工。制定广东自贸试验区对港澳跨境服务贸易负面清单，推进商事登记确认制改革试点，获批复制自由贸易账户体系，累计向全国复制推广 38 项改革创新经验。深度参与“一带一路”倡议，对沿线国家进出口总额增长 6.3%，国际友城基本实现沿线主要国家全覆盖。中欧班列实现每周 9 列常态化运行，出口货值增长 31.2%。成功举办“读懂中国”广州国际会议、从都国际论坛、中国海洋经济博览会等。与黑龙江对口合作全面加强。泛珠三角区域经贸、旅游等合作取得新成效。

2020 年，广东省大力推进外贸提质增效，推进贸易强省建设，实施“粤贸全球”计划，办好境外广东商品展览会，培育壮大海外展销中心和海外仓，积极开拓多元国际市场。抓好跨境电商综合试验区建设和市场采购贸易试点，推动外贸综合服务企业健康发展，扩大二手车出口，提升服务贸易发展水平。依托龙头电商企业“厂货通”模式，促进加工贸易企业拓展内外销。提升广交会、高交会、中博会、珠海航展、海丝博览会等展会的影响力、辐射力。推进丝路保险公司筹建，扩大政策性出口信用保险覆盖面。加强各类进口贸易平台建设，培育融资租赁、保税维修、汽车平行进口等新业态，扩大重要原材料、关键零部件、核心装备、优质消费品进口。加强综合保税区建设，推广国际贸易“单一窗口”标准版，压缩口岸通关时间，降低进出口合规成本。支持企业参与“一带一路”沿线国家基础设施建设和能源资源开发，扎实办好境外合作园区，支持中欧班列开展多式联运和回程业务。

### 2.2.4 广东省自由贸易试验区加快推进新营商环境的建设

伴随着加快粤港澳大湾区、广东省自由贸易试验区等对外开放高地建设，加快完善社会主义市场经济体制、优化营商环境被提到了一个新的高度。与此同时，政府及相关部门也相继出台了多项重大改革举措，诸如修订《工程造价咨询企业管理办法》，发布《国务院关于在自由贸易试验区开展“证照分离”改革全覆盖试点的通知》（国发〔2019〕25号）、《关于推进全过程工程咨询服务发展的指导意见》（发改投资规〔2019〕515号）等，其中特别是国发〔2019〕25号文件，明确指出要在各自由贸易区取消工程造价咨询资质，这些政策的实施对造价咨询行业的发展都将产生较为深远的影响。一方面工程造价事业处于大有可为的重要战略机遇期，另一方面也面临着诸多矛盾叠加、风险隐患增多的严峻挑战。

“证照分离改革，取消工程造价咨询资质”的新营商环境是政府“放管服”“优化营商环境”改革的一项重要举措，将对造价咨询行业的发展起到积极的推动作用，通过加大以市场为主体的导向，降低企业经营成本，真正让市场在资源配置中起决定作用。由于该改革方案的逐步推进，市场准入门槛被大大降低，有利于助推更多有专业能力的企业和个人进入行业，通过充分竞争，有效提升行业服务的品质和竞争力。

# 第3章

# 行业存在的主要问题及应对策略

## 3.1 行业存在的主要问题

### 3.1.1 工程造价体系不健全

工程造价工作的顺利完成需要项目多个参与方相互协调，各参与方应该及时进行沟通交流，保证各方信息对称，共同探讨如何做好工程造价管理。但是实际的工作中，各参与方以及公司各部门对工程进行造价管理所依据的标准往往大相径庭，导致未能形成完善统一的工程造价体系。

现阶段在建筑工程造价的计价过程中，大多数企业仍使用传统计价方法，所得到的造价信息是不全面的。在建筑工程项目的全生命周期中，资金的投入量和投入周期都非常长，尤其是施工阶段的造价管理工作，更是工程造价管理的重点。由于各个工程都是独一无二的，造价工作之间只存在相似性，而不完全相同。我国的工程造价行业发展与发达国家相比相对滞后，不论是建筑工程的施工方，还是咨询方，抑或者是项目的设计方，大多都不具备专业化的工程造价管理能力，且对待工程项目造价的态度也不一样，要想达到没有争议的统一的造价管理水平是困难的；同时项目监理方也无法保证具体监管措施实施到位，对于资金的控制力度也显得过于薄弱，在实际工程项目中对资金的支配权力不大，影响到了工程施工的效率和质量，也增加了建筑项目投资的风险。在整个项目全生命周期中，大部分的企业把主要精力都放在了建筑工程的质量管理、安全管理和进度管理上，仅有投资方才会格外关注造价控制，项目各参与方对工程造价信息的管理相对分散，片面地以己方工作情况去考虑实际工程造价，且项目各参与方对于项目造价成本的观念与目标不一致，很难实现良好的工程造价管理效果。

### 3.1.2 招标投标管理不规范

建筑工程的复杂性、长期性和高投入决定了工程造价管理机构会出现多部门、多交叉的特点。近年来，工程造价企业身处不断变化和发展的市场竞争环境中，所面临的环境和市场压力也一直都呈现上升的变化趋势，很多企业为了在激烈的国际市场竞争中获得合作机会，同时提升经济效益与企业的社会地位，很有可能采取一些不正当的市场竞争管理方法，比如贿赂开发商、签订阴阳合同、串通招标等违法行为，同时，滞后的招标投标监督管理体系也为各种非法竞标行为提供了可乘之机，因此很难保证建筑工程招标投标工作的科学性、可控性、公正性和合法性。这些给建筑市场的招标投标工作带来严重的威胁与阻碍。此外，在招标投标管理工作实施的过程中往往缺少合理的工程造价参考和依据，承发包管理机制不够成熟，不利于公平竞争市场环境的建立，为承发包双方进行不正当交易提供了可能。更有甚者，还会通过降低工程质量的方式来谋取利益，以次充好，损害他人利益，为工程造价管理工作埋下了更多的隐患。

### 3.1.3 造价依据较单一

目前国内市场上工程项目造价的计算逻辑仍然离不开传统的定额计价，此计算逻辑无法适应日新月异的社会发展需求，不能满足多方面的工程造价工作内容和计算。定额又分为概算定额、预算定额、施工定额等。定额计价的计算方式比较死板，近些年来，标准定额站平均每五年会更新一次定额，但是在具体的工程项目中，每项分部分项工程应该套用的定额子目还是存在着争议，且定额一般都是由工程造价行业主管部门按照市场工程消耗的平均水平编制出来的参考文件，具有一定的代表性，但是不能直接用于实际工程，定额计价算出的工程造价数目一般都会远低于实际工程造价。定额不能使得工程造价灵活地参照实际需求来评估计算，导致做出来的工程造价缺乏科学性和合理性，且定额计算的方法在时间上具有滞后性，无法实时进行工程造价的调整，延误建筑工程的期限，不利于工程造价行业的进步和发展。因此，实际评估中还是需要按照实际价格来进行工程造价工作，这样得出来的工程造价更符合工程实际需要，更加完整科学，也可以维持建筑企业之间的公平竞争关系，提高行业的服务水准。

### 3.1.4 从业人员素质不高

工程造价咨询行业是典型的知识密集型行业，人才是行业持续发展的动力之源，根据对近年来一级造价工程师报考人数的分析，发现报考规模有持续增长的趋势，人才队伍多样化特征明显，造价工程师考试制度逐步成熟，但同时也存在造价工程师考试制度对高学历人才吸引力不足、本专业人才对造价工程师考试的适应性不足、施工企业报考人员考试成绩限制了整体考试通过率的提升的问题。通过实际调研得知，在一线的施工队伍中往往缺乏专业化的造价管理人员，很多造价管理人员缺乏丰富的经验，很多人之前所从事的都是施工管理工作或者是土木工程专业的毕业生，只了解造价管理的流程就开始转行该项工作。还有其他相关行业人员认为造价专业比较适合找工作，于是参加一些培训机构的基础培训，但培训机构的工作内容和形式都十分的单一，往往只会初步教导如何使用造价软件，而对与造价有关的其他的相关知识不予重视，其工程造价管理很大程度停留在理论层面。而工程造价的预算及控制，是一项专业要求较高的工作，需要从业人员具备工程造价管理知识及相当的管理经验才能够对工作游刃有余。若从业者自身的专业知识储备不足，不能对工程造价管理中出现的问题及时进行解决，会直接导致造价管理水平低、成本超出预算、资源浪费等现象。

### 3.1.5　信息共享不及时

从我国工程造价行业现状来看，70% 的中小型企业以及 20% 的大型企业对信息的处理有着极大的不足。从数据存储与管理、信息统一标准化、信息挖掘、信息查询及更新问题几个方面出发，总结出造价信息共享存在以下几点问题：

(1) 数据存储与管理问题

工程造价任务具有特殊性与唯一性等特点，每天都会产生许多新的造价数据，相关工作人员需要及时将这些数据按照一定的方式保存下来并且上传到统一管理平台备份，以便之后工作的查询与使用以及更多的人了解相似工程造价问题的处理办法。但是按照传统的方式进行保存会存在两个主要的问题。第一，在安全性这一块存在极大的弊端，同时造价文件的完整性也不能完全保证；第二，若只是用传统的方式保存，没有专业人员整理这些数据，若以后有相似工程的特殊性问题需要参考，数据查询方式不够智能，将会对之后的工作造成非常大的不便，比如工程项目的工期延长、成本增加等。

(2) 信息统一标准化问题

近 10 年来，我国工程建筑行业发展十分迅速，工程造价数据已经十分充足。越来越多的大中型公司开始重视造价数据问题，依靠现有的技术测算了部分概预算指标且已经小范围推广使用。但是现阶段在数据收集与处理过程中缺乏统一的标准，各地区政府的造价标准与各个建设企业和施工企业的造价规定存在差异。同一工程的造价数据在不同的地区、不同的企业计算出不同的结果，标准不统一会对大量数据的共享造成极大的阻碍。

(3) 信息挖掘问题

随着信息化时代的到来，工程造价数据管理系统已十分普及，但是大量的工程数据堆积在数据库内，数据管理人员没有对数据进行标准化处理，且一般的工程造价管理人员只会通过简单的数据库查询与统计操作对造价数据进行浅层挖掘，能对造价数据进行深层次分析的造价人员少之又少，能将现代计算机技术用于造价数据管理的人员更是屈指可数。不分析数据就很难发现影响一个数据因素变动的内在原因，无法获得更加有价值的内在信息，更没有办法解决实际问题。

反而会导致数据越来越模糊，原始数据丢失，同时造成造价分析结果不精确、不完整，从而导致大量投资浪费。

（4）信息查询及更新问题

近年来我国工程领域飞速发展，工程造价信息更新换代相当快，但企业与相关政府部门对工程造价信息更新缓慢、动态更新缺乏，导致造价管理人员无法及时获取最新的数据，可能会将老数据用在新问题上，又或者造价人员会在新旧数据中做出抉择，数据选择性增强，造价无法保证相对一致性。同时造价人员也难以获取自己想要的最新的造价信息。此外，即使获得了造价信息也很难对快速的市场变化进行及时调整，最终导致一个企业无法快速地获悉市场现状以及竞争对手的状况，对造价的成本把控以及造价预测的精准度会有很大的影响。

### 3.1.6 设计阶段成本与施工实际成本不一致

通常情况下，建筑项目在预算实施之后都是经过了严格的建筑工程可行性造价研究结果分析与评估以及相应的建筑工程预算执行审核与组织工作，在预算执行的过程中需要严格按照建筑合同造价控制内容，对预算进行科学合理的监控与组织审核，工程的设计以及实际施工造价与建筑工程预算之间不能存在太大的差距。然而，在施工过程中，有些单位不结合实际情况和做好相应准备就随便缩短工期，使工程建筑的设计和审核没有达到统一的标准，实际成本超过预算成本。所以在项目建设的过程中会出现非常多的动态造价变量，很难进行准确的计算与预测，材料在质量以及价格方面也可能会出现一些细微的变化，这些变化都会对整体建筑工程预算的正确实施与执行造成严重的影响。

### 3.1.7 合同管理不规范

在工程建设中，法律意志的体现除了对工程施工质量的要求，还有在工程进行过程中对工程参与者施工责任和义务分配以及各自利益的保障。从我国建筑工程项目施工阶段成本控制的现状可以看出，成本控制责任还不够明确。合同的签订对使工程参与各方的责任与权益进行了书面的协定，并针对其中各方的责任进行了阐释。在全生命周期的造价工作中，施工阶段风险最高，因此施工合同是合同管理的重点。但是在实际合同签订过程中，大部分管理人员对合同管理的内容、特征、方法、程序等基本知识缺少认知，在签订合同时对相关条文没有进行充分的分析论证，合同中有些措辞不够严谨，缺乏一些规范性条款，合同内容不够完善，或是对工程可能发生的问题意识不足，未能在合同中就可能存在的风险进行预判说明、为风险提供法律支持。工程施工过程中，一旦遇到问题，各参与方都不会积极承担，而是互相推脱，只顾维护自身利益。合同的签订并没有很好地明确双方的权利、义务和责任，也没有为工程变更和索赔等事项的妥善处理提供强有力的合同保障，同时存在着施工激励机制不够完善、成本控制奖罚不分明的情况，造成资源与时间成本的浪费及自身利益的损失。

## 3.2　应对策略

### 3.2.1　完善造价制度，建立工程造价动态监管体系

首先，造价工作人员应转变管理理念，积极配合政府部门的新方针、新政策。同时，造价团队应该安排专业人员及时收集市场上发布的价格信息、行业改革信息等，对其做出专业分析，形成企业自身定价、政府指导的模式，并对建筑工程造价进行全面、完整的过程管理。其次，政府部门要及时对工程定额进行合理修订，坚持和完善量价分离，用定额计算实物工程量，将清单计价更多更广地应用到实际工程中，并应进一步构建和推出一套相应的工程造价监管制度，对工程进行有效的监督。最后，应该进一步加强对相关政策和法律方面控制体系的建设和监督工作，对于工程造价的控制中可能存在的违法行为需要由政府部门进行严厉的控制和惩罚，对市场的稳定性起到一定的维持和保护作用，这样才能促进建筑造价管理企业的经济效益和竞争力大幅提升。

另外，要及时收集、分析、处理和发布各种价格信息，对建设工程造价进行全面、完整的过程管理，并持续对建设工程造价管理进行完善和加强；正确理解工程量清单计价模式，结合企业自身特点，创造工程量清单计价和成本管理的新模式；提高企业独立报价能力，建立与工程量清单计价相匹配的建设成本管理体系；结合清单计价模式和合同管理模式，以提高工程估价工作的有效性和长期绩效。

2020 年 7 月，住房城乡建设部就工程造价改革提出了新意见，并在广东省、湖北省、北京市、浙江省等地实行国有资金房屋建筑、市政公用工程项目造价改革试点。住房城乡建设部指出，改革的首要任务是结合现有国情改善工程计量与计价规则，统一工程项目划分、特征描述、计量规则和计算口径，统一工程费用组成和计价规则。在造价数据方面，指出应尽快建立国有资金投资的工程造价数据库，按照工程类型、地区等方式发布人工、机械、材料造价指标指数，同时运用大数据、人工智能等信息化技术为概预算提供编制依据。在建设单位的造价改革方面，提出建设单位应根据工程造价数据库、造价指标指数和市场价格信息等编制和确定最高投标限价，引导工程主体进行良性竞争等。

### 3.2.2　完善招标管理制度，杜绝串标围标现象

针对目前建筑工程招标投标现状，应规范招标过程，保证招标投标有序且公

平公正地进行。首先，要对投标对象进行科学的选择，并对合作方进行资格审查，确保企业能够适应当前工程项目的要求，具备工程投标的条件，实现对项目的有效控制，节约项目资金，充分发挥本企业的优势。同时，通过招标投标竞争环节的有效控制和开展，可以保证最终确定出合适的建筑工程造价组合方案。其次，要认真做好建筑工程企业的投标答疑工作，在进行投标前，要对招标文件进行仔细研读，对从中发现的各种问题和疑问，要积极向招标方进行咨询，消除双方的疑义，避免后期的利益冲突和矛盾。最后，在建筑工程的投标、报标阶段，工程施工部门要认真做好编标工作，根据招标投标文件及施工现场的勘察和工程所在地域情况，编制好施工组织设计方案。与此同时，建筑工程的设备物资管理、采购、市场营销等部门也要对招标投标文件进行仔细的研读，结合企业的生产技术水平和工程项目建设与成本控制的各种需要，综合考虑建筑工程项目在建设中的各项成本支出，及时指出在招标投标文件中发现的不合理条款，这对建筑工程的造价管理工作是非常有利的。

### 3.2.3 采用多种计价方法，积极推进造价纠纷处理系统

采用工程量清单计价，此方法是业主和招标单位针对两方统一的工程量清单项目进行规则的设置，编写制作工程量清单。投标方会结合自身企业水平进行综合报价，这样企业实力不仅得到了体现，也符合公平竞争的要求，从而获取更经济合理的工程造价，加强了对投资的控制。为了给竞争者提供更加公平的竞争环境，将工程量清单计价的方式作为评标的基础，同时也是施工过程中支付工程进度款的依据。加大对广东省建筑工程标准定额站定额纠纷处理系统的推广，可使更多企业更多项目的造价问题得到解决，为以后类似工程提供参考。

2019 年，广东省建设工程标准定额站在广东省住房和城乡建设厅的指导下，开展了定额动态管理与造价纠纷处理工作，建立了造价纠纷处理体系，并组建了造价纠纷处理专家组。2020 年，历经一年半的探索，造价纠纷处理系统已经比较完善，造价纠纷涉及的专业领域也越加宽泛。在此基础上，广东省工程造价协会于 2020 年 12 月举办了纠纷调解员培训，造价纠纷处理体系更加规范化、专业化，纠纷处理不再倚赖个别专家意见，改变了纠纷处理意见的主观性，充分发挥行业调解在解决建设工程造价纠纷中的专业优势。

### 3.2.4 重视职业道德素养，提升工程造价从业人员综合素质

在经济全球化的形势下，人才已经成为决定企业综合竞争实力的关键因素。针对我国工程造价管理人员工作观念落后、综合素质偏低的现状，应当重视对专业人才的培养，积极加强专业人才队伍的建设，提高造价从业人员的综合素质，缩短与发达国家管理水平之间的差距。应加强造价人员专业知识、相关法律法规

方面的教育和培训，同时还要重视对管理人员职业道德素养的培养，提升工程造价人员的综合素质和能力，打造一批高素质的复合型应用人才，促进我国建筑工程造价管理水平的不断提高。行业协会以及声望较高的企业应起到表率作用，结合企业自身、国内国际市场走向、社会需求发展等方面积极组织造价交流会，加快造价行业与国际接轨的步伐。此外，企业应该定期对在职的造价工程师进行培训与考核，提升其管理能力，使之逐渐成为企业甚至行业的领军人物。企业内部还可以通过项目组成员组成的分组方式，在各个小组内分配不同“段位”的造价人员，相互指导借鉴，相互帮助，尽快成长为合格甚至金牌造价员，为行业发展作出贡献。

2016 年，全国工程造价管理工作会议决定取消造价员资格考试。2018 年，在住房城乡建设部标准定额司的指导下，以深化人事考试“放管服”改革、管理创新和服务创新为主旨，广东省二级造价工程师职业资格考试重新开展，并于 2020 年 11 月正式开考。广东省建设工程标准定额站会同广东省工程造价协会编写出版了考试培训教材。广东省人事厅考试局创新考试形式，第一次引入机考模式，考生能在提交答题后立刻看到成绩。在考试时间安排上，将两次考试时间安排在一个月之内，之后设为一年多考的常态化考试形式，为考生提供更多的考取二级造价工程师资格的机会。

### 3.2.5　加强信息共享，构建和完善数据库

（1）加快数据库建设，重视数据库管理人员培养

由于工程造价领域的数据越来越多，传统的数据库已经无法有效容纳如今海量的工程信息，开始出现一些无法克服的弊端。为了满足工程造价领域的要求，应该尝试使用非关系型数据库，其具有格式灵活、高扩展性以及速度快的特点，能够对海量的数据进行灵活高效处理。还可以将数据存储到不同地点、不同类型的服务器中并相互传输，达到初步分类。除此之外，还可以针对企业规模建立不同标准类型的数据库。与此同时，也要重视数据库管理人员的培养，通过专门的培训提升管理人员的专业技术，以提高整体的管理水平。

（2）制定工程数据标准体系，保证数据安全性

传统的标准框架体系包括总体标准、基础标准、应用标准、安全标准四大模块。为了使造价基础数据能应用于大数据技术，框架体系所包含的四个部分应向着多元、多维、多方向转变，框架建设的过程充分考虑大数据技术的优点，从理论层面为工程数据标准体系建设提供一个良好的基础条件。造价管理人员先制定一套适合现阶段工程造价行业发展的标准体系，再按照标准体系收集数据，同时依靠大数据技术来处理造价数据，解决软件之间的插件问题，保证不同系统的数据能进行一定程度的转换，提高管理效率的同时降低成本。

建立起完善的可以与大数据技术相匹配的数据库后，保证数据库的安全性十分关键，可以通过引用新技术来采取防护措施。从数据库的访问权限、数据库的备份与保存、数据库中的数据引用等方面，确保数据的安全性。数据库系统也应经常更新，确保数据不会因为漏洞而丢失，确保数据的完善性。此外，数据库管理人员也应培养安全防护意识，一定程度地限制数据库的访问权限，对访问进行更加严格的控制。

（3）提高数据挖掘技术

我国目前的工程造价信息十分充足，但是在数据挖掘方面却相当欠缺，最主要的两点原因是对数据分析软件的应用并不成熟以及数据分析人员对新技术的专业知识没有及时更新，导致内在价值损失。大数据在数据挖掘与数据分析方面有着天然的优势，若能将 R 语言、HPCC 等技术应用于造价数据分析，可产生较大的利益。因此，目前需要基于大数据技术加快数据分析软件应用。与此同时，开发出企业自己的挖掘工具并形成产业链，对工程造价这一行业快速发展有着十分重要的作用。

（4）建立完善的数据查询平台

我国一些工程造价平台主要的缺点是信息存在滞后性、数据的处理程度不够，且一部分的数据并不是完全透明的。从行业发展的现状来看，政府对行业数据起管控作用，保证了数据的安全性，但同时也会阻碍信息共享。因此，造价管理部门应该组织建立统一的数据库平台，加强一般信息的透明性与保密信息的安全性，与此同时要加大信息处理的程度，促进工程造价行业的快速发展，提高行业的创新力，进而产生巨大的社会经济效应，同时全力支持建立数据查询平台。平台建立之后，对平台内数据的管理也要及时优化，包括数据的初始化、查询、管理、推送服务，都应有专业的人员进行实时管理，平台的正常、高效运作对数据的及时共享有着至关重要的作用。与此同时，需要将数据更加平民化，设置可视化的用户界面，保证造价人员可以自行注册并使用一般数据来满足工作需求。

### 3.2.6 建立动态控制体系，实现工程造价动态控制

就当前实际情况来看，传统的工程造价管理模式已经无法满足建筑行业发展的需求。受外界或内部各种因素的影响，建筑工程在实际施工过程中常常会出现各种不可预见的问题，从而影响了建筑工程的进度，所以，建筑企业需要建立动态的控制体系，从而实现有效控制。在动态控制过程中，需要加强各部分之间的联系和配合，在原本预决算的基础上，对各环节进行全面的监管，从而能够及时掌握施工中的实际情况，了解施工的质量和进度，更好地进行全面控制，达到动态控制的目的。在工程施工过程中，常常会出现设计变更、施工材料变动的情况，通过实施工程造价动态控制，能对原因进行有效分析，并且合理指导，制定

出科学的解决方案，从而使工程造价得到持续有效的控制。

广东省建设工程标准定额站在广东省住房和城乡建设厅的指导下开展了动态定额管理工作，同时建立定额解释和造价纠纷处理两个平台。2019 年平台建立以来，仅半年时间便成功解决二十余项工程造价纠纷，同时工作小组将纠纷问题进行归纳整理，针对具体问题发表政府公函，参考广东省工程造价协会专家意见，同时结合行业主管部门政策，给出造价纠纷正确处理意见。在定额解释平台上，广东省建设工程标准定额站成立了定额解释负责小组，将 800 余条定额解释问题按专业、提问时间以及问题代表性进行分类，结合现有情况在平台上按时发布定额解释，广东省定额动态管理平台总负责人也经常在工程造价学术交流会上分享广东省定额动态管理经验，对平台进行了较好的推广。

### 3.2.7　加强合同管理，减少过程变更风险

合同管理是工程项目管理的重要内容。企业应该重视合同的管理，提高管理人员的合同意识和业务素质。在签订合同时积极提倡使用标准化合同范本，认真履行合同项目，对由于设计变更而引起的工程量、材料费用、人工费用、设备租赁费用的变化，按照规定的程序做好变更、签证记录，避免在工程款和索赔事宜上的矛盾和冲突对工程造价控制产生不利影响。而施工阶段作为建筑工程造价管理中最重要的阶段，也是最复杂、最关键的阶段，施工阶段的合同管理尤为重要。在施工合同签订之前，各方要对工程项目实施过程中可能出现的问题做出预案，明确此种状况发生时应该由谁来处理，并明确指出要用到的技术手段，以及改正后工程具体应该达到何种标准，充分做好准备工作，减少由于意外事件导致的风险损失。意外事件涉及赔偿时，在索赔的计算与处理过程中，项目经理部要熟悉合同条款，掌握建筑工程项目的实际情况，提出高质量的索赔报告，为索赔成功和企业取得较好的经济效益打下坚实的基础；施工阶段合同管理会不可避免地涉及人员、设备、材料等多种因素，还需要同财务、监理、人力资源、设备管理等多部门加强彼此间的合作与协调。因此，在建筑工程项目的施工过程中，各专业部门和人员都必须严格遵循现场签证制度，及时办理相应的工程签证事宜，减少不必要的损失。

在 2020 年推行的有关工程造价改革的通知中，也明确指出工程合同管理是进行造价改革的重点内容。加强有效的工程施工合同履约和价款支付监管，引导发承包双方严格按照合同约定开展工程款支付和结算，有利于进一步规范建筑市场秩序。与此同时，全面推行施工过程价款结算和支付，探索工程造价纠纷的多元化解决途径和方法，将防止工程建设领域腐败和拖欠进城务工人员工资问题作为合同内容，可以有效促进项目更好更快地完成，同时保证项目达到应有的质量、工期以及利润要求，让建筑市场更加有序、持久、稳定地向前发展。

# 第4章

# 专题报告

## 4.1 诚信建设

在建设工程领域，将工程肢解发包、转包、违法分包、拖欠工程款和进城务人工员工资、证件挂靠等现象层出不穷，以上诸多失信行为不仅给我国建筑市场造成了巨大的经济损失，还扰乱了市场的正常秩序，限制了企业、行业走出国门，严重阻碍行业长远发展的脚步，因此，诚信建设势在必行。

2012 年，党的十八大提出了“加强政务诚信、商务诚信、社会诚信和司法公信建设”；2013 年，党的十八届三中全会提出了“建立健全社会征信体系，褒扬诚信，惩戒失信”；《中共中央 国务院关于加强和创新社会管理的意见》提出了“建立健全社会诚信制度”，以及《中华人民共和国国民经济和社会发展第十二个五年规划纲要》提出了“加快社会信用体系建设”的总体要求。

2014 年，国务院印发《社会信用体系建设规划纲要（2014—2020 年）》中强调，社会信用体系建设要按照“政府推动，社会共建；健全法制，规范发展；统筹规划，分步实施；重点突破，强化应用”的原则有序推进。到 2020 年，实现信用基础性法律法规和标准体系基本建立，以信用信息资源共享为基础的覆盖全社会的征信系统基本建成，信用监管体制基本健全，信用服务市场体系比较完善，守信激励和失信惩戒机制全面发挥作用。

2017 年，《国务院办公厅关于促进建筑业持续健康发展的意见》（国办发〔2017〕19 号）指出，加快推进建筑市场信用体系建设，规范建筑市场秩序，营造公平竞争、诚信守法的市场环境。

2017 年，《住房城乡建设部关于印发建筑业发展“十三五”规划的通知》（建市〔2017〕98 号）强调，积极推进统一建筑市场和诚信体系建设，营造更加统一、公平的市场环境；《住房城乡建设部关于印发建筑市场信用管理暂行办法的通知》（建市〔2017〕241 号）提出，积极探索建筑市场诚信建设的管理办法，通过信用评价、监督管理等方法规范建筑市场更快更好地发展。

广东省在 2012 年就已经开始讨论社会信用体系建设试点工作，并在 2012 年

9月开会讨论研究了《广东省社会信用体系建设试点工作方案》（讨论稿），会议决定将在广州、珠海、汕头、惠州、云浮、顺德等地先进行试点工作。

2014年，广东省发布《广东省社会信用体系建设规划（2014—2020年）》（粤府〔2014〕45号），表明要提升信用建设法治化、规范化水平，发挥信用建设对优化营商环境的支撑作用。

截至目前，广东省针对信用体系建设工作已经在各地市以及各部门顺利开展，比如深圳、东莞、汕头等地区已经建立网上信用申报工作。在工程造价行业，广东省建设工程标准定额站也建立了“诚信评价”栏目，针对企业信用进行评价，查询咨询企业信用。截至2020年12月，广东省工程造价协会已经公布了第三批企业信用评价等级结果名单。

针对诚信建设，需要建立一套诚信体系和完整的治理机制，以下分别从政府层面、行业领域、企业内部和人员三个方面论述工程造价行业的诚信建设。

（1）政府层面

第一，政府相关法律部门应联合建筑相关部门加快制定和完善建设市场信用法规制度，制定建筑工程行业、工程造价行业以及市场上各方主体和从业人员的诚信评价机制和准则，打造相对应的评分标准，每隔一段时间对各方主体及人员进行诚信建设和应用的评价；第二，政府要完善建设工程市场诚信准入退出制度，可加大对失信人员以及失信企业的惩罚力度，制定相应的诚信奖励机制，同时也要加强市场诚信监督工作，重视行业内各企业的信用评价结果，采取强有力的措施引导和规范企业行为；第三，依托政府强有力的领导，建立政府与行业、企业、人员之间的诚信信息网站，实施信用大数据信息公开共享栏目，推动全国性互联的网络平台，规范和强化市场诚信网络的作用。

（2）行业领域

第一，在行业内普及诚信教育，通过教育学习使得从业人员具有诚信意识，通过大力宣传诚信意识和诚信典型，树立行业诚信从业人员的模范，使得大家有榜样、有目标、有追求；第二，行业领域内的企业之间可以搭建信息平台，增强信息共享，增加各企业执业过程中的诚信透明度，依此来约束企业的不规范以及失信行为，从而促进行业的健康发展；第三，行业协会可以制定一系列与诚信挂钩的政策文件，比如招标投标时优先考虑诚信高的企业、工程不承包给失信施工单位等，让大家都能够意识到失信对于企业未来的发展具有很大的限制作用，从而规范企业的行为；第四，建立企业和从业人员信用评价结果与资质审批、执业资格注册、资质资格取消等审批审核事项的关联管理机制。建立科学、有效的建设领域从业人员信用评价机制和失信责任追溯制度。

（3）企业内部和人员

第一，建立健全企业内部的诚信制度与专业考评政策，通过一些激励与惩罚措施来规范员工的诚信行为，基于员工自身利益角度，提升员工的自我诚信意识，提高员工的自身素养；第二，企业也可以举办“诚信月”“诚信周”等活动，让大家在活动中学习到诚信知识。

## 4.2 BIM技术

### 4.2.1 国内外BIM发展

（1）美国

20世纪70年代，BIM的概念原型“Building Description System”被“BIM之父”查克·伊士曼教授提出。1986年，美国学者Robert Aish提出和BIM概念非常接近的“Building Modeling”，模型不仅包含建筑的三维几何信息，也包含建筑的其他信息。随着技术的发展，2002年美国著名建筑信息化公司Autodesk率先提出BIM，拉开BIM发展的序幕。

从2002年至今，在政府的引导推动下，形成了各种BIM协会、BIM标准。BIM技术在美国得以蓬勃发展。BIM渗透率从2007年的28%增加到2012年的71%，其中74%的承包商在实施BIM，超过建筑师（70%）、机电工程师（67%）。目前美国各大设计事务所、施工公司和业主大量应用BIM。

（2）英国

2011年5月，英国政府内阁办公厅发布《政府建设战略》，针对BIM目标，将通过协调政府力量并与行业社团紧密合作来促进标准开发，通过BIM使得供应链各方协同工作，并要求在2016年实现全面协同的三维BIM应用。2016年公布的《政府建设战略2016—2020》表明政府投资项目在年内强制实现BIM成熟度2级水平（成熟度分为0～3级，0级为最低，3级为最高）；未来不仅将进行案例研究、经验总结和实施推广，还将继续与行业共同开发下一代的数据标准，在“数字英国（Digital Britain）”战略下提前布局未来的BIM成熟度3级水平。

（3）日本

日本属于亚洲最早进入BIM实践的国家之一，致力于BIM标准的制定和改进。日本制定了建筑信息化标准“Continuous Acquisition and Lifecycle Support/Electronic Commerce”（CALS/EC），后来又发布了BIM应用指南《Revit User Group Japan Modeling Guideline》。

（4）中国

我国BIM经过十余年的发展，从1998—2005年的“概念导入期”，到2006—2010年的“理论研究与初步应用阶段”，再到2011年至今的“快速发展及深度应用阶段”。概念导入期主要是IFC标准研究和BIM概念产生；理论研究与初步应用阶段主要是针对BIM技术、标准及软件研究，并且BIM技术在大型项目中开始试用；快速发展及深度应用阶段表现为BIM开始大规模运用于工程实施中，政策大力支持BIM发展，BIM应用软件越来越多，围绕“BIM+”的深度应用越来越多。BIM在国内已经开始初步得到市场认可，在2016、2017、2018年间，住房城乡建设部依次发布了《建筑信息模型应用统一标准》《建筑信息模型施工应用标准》《建筑信息模型设计交付标准》等一系列国家标准，各地也都出台了许多适应性政策文件，让BIM技术能够迅速、快捷地在市场上使用，提高建筑行业的生产效益，提升信息化水平。

### 4.2.2　BIM技术核心特征

（1）特征一：可视化优，所见即所得

CAD设计图通常是二维形式，在设计以及施工环节往往需要通过想象的方式将二维结构转变为三维结构，虽然通过长期的训练和实践可以达到较好的转换效果，但即使是经验丰富的人员也容易出现错误。而BIM技术在可视化方面可达到所见即所得的效果，可以将整个设计环境良好呈现，即便是隐蔽部分和重叠部分也能很好地展示出来，在施工环节可避免很多错误和返工。

（2）特征二：协调性强，实现不同模块之间交互

BIM技术的协调性强，可以实现不同BIM数据之间的强交互。BIM碰撞测试功能是BIM技术协调性强的良好体现。在具体设计过程中，建筑的机电设计和结构设计分别是由机电设计师和结构设计师来完成，各自庞大的工作量难免出现致相互矛盾的结果，如果是在施工过程中才发现，不仅会导致修改图纸和工程返工等拖延工期的情况，而且浪费人力物力，增加工程成本。而BIM技术碰撞测试可以在施工前进行各类碰撞测试，比如机电设计与结构设计之间的碰撞测试、机电设计不同模块之间的碰撞测试等，从而将设计环节的错误提前暴露，起到优化设计、提高施工效率的效果。

（3）特征三：模拟性高，方案筛选、施工模拟等功能极大提升工作效率

BIM模式掌握建筑物所有的信息数据，可从不同方面进行模拟，从而找到最佳设计方案以及施工方案等。最常见的设计环节模拟功能包括太阳辐射分析、风环境分析、日照分析、能耗分析、人员疏散模拟、可视度分析等。通过各类模拟可以得到建筑最佳朝向、门窗位置及规模设计、楼梯及应急通道最佳架构设计等数据，从而优化设计环节。施工环节通过BIM技术进行场地布置模拟、施工方案模拟等能避免一些问题的产生。比如设计环节场地布置模拟可提前识别机械装置在后期可能出现的碰撞问题，减少不必要的返工。

（4）特征四：连贯性好，不同阶段信息数据可紧密联系

① BIM 技术贯穿建筑行业全生命周期和融合多岗位人员

BIM 可贯穿建筑全生命周期，实现贯穿规划、概念设计、细节设计、分析、出图、预制、施工、运营维护、拆除或翻新等所有环节；实现不同角色人员工作协同，比如绘图员、结构工程师、设备工程师、供应商、总承包商、施工出图、分包商、物业管理、业主/开发商等。让建筑在生命周期内实现数据信息积累、共享，充分提高建筑行业的生产经营效率。

② 保持信息连贯性，提升数据价值，提高工作效率

建筑企业在设计、招标投标、施工和运维环节往往使用不同的信息系统，这就导致不同系统中的信息处于割裂状态，全生命周期内各环节的数据无法连贯使用，往往在单环节结束时信息量最大，一旦进入下一环节则信息量急剧减小，然后再一点点积累。这种模式造成了严重的资源浪费，而且效率低下。BIM 技术可实现全生命周期各环节信息完美衔接，不再处于割裂状态，大大提高建筑全生命周期的运营效率。

### 4.2.3 问题及措施

（1）BIM 人才缺失是目前亟须解决的问题

BIM 对于人才的要求相对来说较高，在建设工程项目方面，既要有建筑工程的专业知识（懂工程），还需要熟悉计算机技能（懂软件），这种复合型高要求限制了 BIM 人才的快速成长，造成 BIM 人才匮乏。

在人才培养方面，高校可以邀请企业人员参与制定 BIM 课程的培养计划和目标，通过企业对未来人才需求的明确化，结合高校教师的基础理论培训及企业的实践实习，打造学校教师及企业工作导师的“双师型”教育队伍，这样培养出来的学生既有扎实的理论知识，同时走上工作岗位后对工作不那么陌生，有亲近感，提升就业率的同时，也促进 BIM 的快速发展。

（2）BIM 行业未来发展仍主要取决于政府推动

政府、业主都是 BIM 行业发展的主要推动力。但相对政府而言，业主的重要性略有下降，这可能与施工企业自主应用 BIM 的积极性提高有关。不论是建立人才培养机制、制定应用激励政策还是制定标准、法律法规，都离不开政府主导，因此未来需密切关注政府相关政策的发布与执行情况。

在政府层面，需要更多地规划和制定 BIM 相关方针、政策，科学制定 BIM 的发展规划，统筹 BIM 技术的研发与技术软件的推广；出台相应的 BIM 发展指导意见，加强 BIM 应用的激励力度，为 BIM 人才发展、技术推广、能力建设和工程应用提供良好的激励措施；制定相关的应用体系和制度，实现 BIM 管理工作规范化、制度化和智慧化。

（3）BIM 应用仍难以绕过 Revit、Tekla、Naviswork 等海外软件，国产软件

亟须普及和提升。

目前施工单位BIM应用均采用多种软件协作。在《2018年BIM报告》以及《2017年BIM报告》中给出的软件配置方案7个案例中，不同软件使用数量超过20种。在建模工具中，除了比较通用的Revit外，还有各细分领域的建模工具如Tekla（钢结构）、Catia（幕墙）、Rhino（装饰）等。在管理类软件方面，Naviswork、广联达BIM·5D则得到了广泛的应用。另外，3DMax、Lumion、Fuzor等模拟、动画类软件也比较普及。

目前海外软件渗透率较高，根据现有的7个案例情况看，Revit、Tekla、Naviswork是使用频率最高的三款软件，其中Tekla的使用率超过85%，而Revit与Naviswork达到100%。国内厂商软件如广联达BIM·5D等的渗透率还有一定的提升空间。随着管理类功能逐步普及，对于BIM·5D等产品的需求也会进一步提高。

## 4.3 信息化建设

21世纪是数字化、信息化的时代，信息科学技术已经广泛地渗透到社会生活的各个行业与领域，尤其是工程造价行业，大数据信息是行业最重要的财富。BIM、大数据、云计算等信息技术也让建筑行业的生产方式与过去相比发生了翻天覆地的变化，信息技术的使用日益成为创新驱动发展的先导力量。

2006年3月，我国政府将信息化建设纳入国家战略发展层级，出台了《2006—2020年国家信息化发展战略》（中办发〔2006〕11号），表明信息化是当今世界发展的大趋势，是推动经济社会变革的重要力量。相应的，大力推进工程造价行业信息化，是推进我国全过程造价管理的基础，也是覆盖我国建设工程现代化建设全局的战略举措。

2016年7月，国务院发布了《国家信息化发展战略纲要》，要求加快释放信息化发展的巨大潜能，以信息化驱动现代化。

2011年5月，住房城乡建设部发布《2011—2015年建筑业信息化发展纲要》（建质〔2011〕67号），就企业信息化建设、专项信息技术应用、信息化标准这三个方面的具体目标、发展重点以及保障措施提出方案，期望能在“十二五”期间基本实现建筑企业信息系统的普及应用，形成一批信息技术应用达到国际先进水平的建筑企业；2011年5月，发布《关于做好建设工程造价信息化管理工作的若干意见》（建标造函〔2011〕46号）表明各地区各行业陆续开展了建设工程造价信息化工作，为建设工程造价的合理确定与有效控制提供了信息服务，对规范建设工程各方主体的计价行为发挥了积极的引导作用。

2011年8月，住房城乡建设部标准定额司发布《工程造价行业发展“十二五”规划》（建标造函〔2011〕96 号），提出要从多个主体，全面推进工程造价信息化系统建设；2011 年 8 月，住房城乡建设部发布《建筑业发展“十二五”规划》（建市〔2011〕90 号），提出要提高行业信息化水平，重点推进企业管理与核心业务信息化建设，加快关键信息化标准的编制，促进行业信息共享。

2014 年，住房城乡建设部发布《关于进一步推进工程造价管理改革的指导意见》（建标〔2014〕142 号）（以下简称《指导意见》），明晰政府与市场的服务边界，明确政府提供的工程造价信息服务清单，鼓励社会力量开展工程造价信息服务，探索政府购买服务、构建多元化工程造价信息服务方式。

《指导意见》也提出要建立工程造价信息化标准体系，编制工程造价数据交换标准，打破信息孤岛，奠定造价信息数据共享基础；建立国家工程造价数据库，开展工程造价数据积累，提升公共服务能力；制定工程造价指标指数编制标准，抓好造价指标指数测算发布工作。

2016 年 8 月，住房城乡建设部发布《2016—2020 年建筑业信息化发展纲要》（建质函〔2016〕183 号），提出提升 BIM、大数据、智能化、云计算等信息技术集成应用能力，打造一批具有较强信息技术创新能力和信息化应用达到国际先进水平的建筑企业及拥有关键自主知识产权的建筑业信息技术企业。

2017 年 8 月，《住房城乡建设部关于印发工程造价事业发展“十三五”规划的通知》（建标〔2017〕164 号），提出要大力推进工程造价信息化，包括夯实信息化发展基础、提升造价信息服务能力、构建多元化信息服务体系，充分发挥 BIM 技术在工程建设全过程造价控制中的重要作用，完善工程造价大数据分析系统。

综上所述，工程造价信息化发展已经是建设工程现代化中不可或缺的一部分。目前，我国工程造价信息化已经具备了良好的发展环境，国家已经为工程造价信息化建设提供了优质的政策和环境，大数据时代的发展也给工程造价信息化带来了无限契机和挑战。

### 4.3.1 存在的问题

（1）工程造价信息没有统一的数据标准，数据共享难

目前工程造价信息化建设仍处于初级阶段，功能不够完善，缺乏建设标准及信息数据库，系统建设架构与技术实现研究较少，导致信息数据缺乏统一的标准，信息采集、加工和发布缺乏统一规划、编码和分类。同时，目前工程造价咨询企业主要以广联达、斯维尔、鲁班等工具性软件为主，企业内部数据共享难，数据挖掘不足。

（2）工程造价信息数据管理难，实际应用少

工程造价咨询企业信息化主要用于财务以及招标投标信息数据储存，对于工

程数据管理等没有太多运用。同时，工程造价咨询企业信息化目前存在信息分散、流程不畅、管理困难等问题；工程造价咨询企业内部数据管理储存不当、数据库混乱、管理机制不完善等问题依旧存在。

（3）工程造价信息化管理专业人才不足，专业素养不高

随着互联网的急速发展和大数据时代的来临，兼备信息技术和建设工程双背景的人才却并不多，往往大家都只专注于某一方面专业知识的学习和技能训练，工程造价信息化管理人才明显不足，专业技能未能达到高行业水平，管理秩序达不到要求，使得工程造价的信息化无法发挥应有的作用，阻碍了工程造价信息化的发展进程。

### 4.3.2 完善措施

（1）建立统一的标准体系

衡量标准不统一不利于工程造价信息数据的采集、整理和分析，所以要在整个行业中建立统一的标准，参考各个企业和部门的具体情况，制定出一套科学的标准体系，使每个企业在收集数据的时候都采用行业标准的记录方式，达到资源的快速交流与分享。在这种标准体系下，不管是不同地域，还是不同企业的数据都要采用统一的标准进行记录，这样会大大地提高工程造价信息处理的速度，提升信息化管理的水平，并为各个企业的资源交换提供有利的条件。

（2）健全工程造价信息化管理体制

健全工程造价信息化管理体制对加速工程造价的信息化发展有着重要的基础作用，其决定了整个行业信息化管理的速度和规模。所以，工程造价信息化管理的首要任务是建立健全工程造价信息管理体制，并制定相对应的管理规定以及管理办法，使各个部门明确自身的职责，建立科学合理的管理机制，实现每个层级都有人负责的管理体系，最终实现信息资源的交换和共享。与管理体制相适应的监督机制和绩效考核机制也要进行完善，切实地将信息化管理落到实处，推动工程造价信息化管理的发展。

（3）提高工程造价信息管理人员的专业素质

实现工程造价管理的信息化，最迫切的是专业技术人才的引进与培养。引进的人才应该不仅仅是单方面的专业人才，而应同时具备工程造价的知识和信息技术，这样才能适应工程造价的信息化管理发展。首先，要加强对内部员工的培训。内部员工已经具备了工程造价的专业知识，只需对其加强信息技术方面的培训就可以基本满足工作的需求。定期开展技术方面的培训课程，组织相关的人员参与培训，并且进行实际操作考试，检验培训效果。其次，要加强招聘过程中对员工综合素质的考察和选拔，在招入新的工程造价信息管理人员时，应先确定其是否已经具备了工程造价和信息技术两方面的基本专业素质。在招入企业后，还

要进行一段时间的学习，使其在最短的时间内熟悉信息管理工作，尽快上岗，进而推动工程造价信息化管理的有效开展。最后，要加强与高校的联系，在工程造价专业课程中加入信息化工程造价管理程序和流程的学习内容，创新培养适合企业发展的复合型人才，保证高校毕业生与社会岗位的符合度，减少企业在人才后期培养中所花费的物质资源和时间资源。

## 4.4 教育与培训

2018 年，广东省高校共计 154 所。各类统计结果汇总如下：

154 所高校中，本科院校 51 所，占 33.1%；专科院校 87 所，占 56.5%；独立高校 16 所，占 10.4%。其中开设工程造价专业的高校数量占高校总数的比例如图 4-1 所示，开设工程造价以及工程管理课程的本科高校具体情况见表 4-1，专科院校见表 4-2，独立院校见表 4-3。

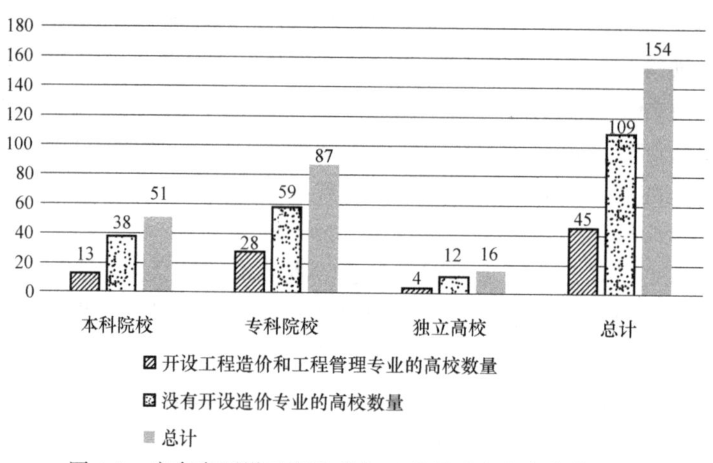


图 4-1 广东省开设工程造价与工程管理专业高校数量图

广东省开设工程造价与工程管理专业的本科院校表 **表 4-1**

| 学校 | 开设有关工程造价/工程管理课程 | 隶属院系 | 学历/学位 |
|---|---|---|---|
| 广州大学 | 工程管理* | 管理学院 | 工学学士 |
| 深圳大学 | 工程管理* | 土木工程学院 | 工学学士 |
| 华南理工大学 | 工程管理** | 土木与交通学院 | 工学学士 |
| 广东工业大学 | 工程管理** | 土木与交通学院 | 工学学士 |
| 五邑大学 | 工程管理 | 土木建筑学院 | 管理学学士 |
| 广东海洋大学 | 工程管理 | 海洋工程学院 | 工学学士 |
| 惠州学院 | 工程管理 | 建筑与土木工程学院 | 管理学学士 |

续表

| 学校 | 开设有关工程造价/工程管理课程 | 隶属院系 | 学历/学位 |
| --- | --- | --- | --- |
| 嘉应学院 | 工程管理 | 土木工程学院 | 工学学士 |
| 广东白云学院 | 工程造价、工程管理 | 建筑工程学院 | 工学学士 |
| 广东理工学院 | 工程管理本科、工程造价专科 | 建筑工程系 | 工管工学学士/大专 |
| 广州航海学院 | 工程管理 | 航务学院 | 管理学学士 |
| 广东工商职业技术大学 | 工程造价、建设工程管理 | 建筑工程学院 | 工学学士 |
| 广州科技职业技术大学 | 工程造价(专科专业) | 建筑工程学院 | 专科 |

注：＊广州大学、深圳大学的工程管理专业在 2019 年被评为国家一流本科建设专业；

＊＊华南理工大学、广东工业大学工程管理专业被评为广东省一流本科建设专业。

**广东省开设工程造价与工程管理专业的专科院校表　　　　表 4-2**

| 学校 | 开设有关工程造价/工程管理课程 | 隶属院系 | 学历/学位 |
| --- | --- | --- | --- |
| 广东番禺职业技术学院 | 工程造价 | 建筑工程学院 | 专科 |
| 深圳职业技术学院 | 工程造价 | 建筑与环境工程学院 | 专科 |
| 广东水利电力职业技术学院 | 工程造价 | 土木工程系 | 专科 |
| 广东交通职业技术学院 | 工程造价、建设工程管理 | 运输管理学院 | 专科 |
| 广东环境保护工程职业学院 | 工程管理、工程造价 | 土木工程系 | 专科 |
| 广东南华工商职业学院 | 工程造价 | 建筑与艺术设计学院 | 专科 |
| 惠州经济职业技术学院 | 工程造价 | 建筑工程学院 | 专科 |
| 广东理工职业学院 | 工程造价 | 工程技术学院(物联网工程学院) | 专科 |
| 广东工程职业技术学院 | 工程造价 | 建筑工程学院 | 专科 |
| 广州现代信息工程职业技术学院 | 工程造价 | 建筑与艺术学院 | 专科 |
| 广州华立科技职业学院 | 工程造价 | 城建学部 | 专科 |
| 广东岭南职业技术学院 | 工程造价 | 建筑与艺术学院 | 专科 |
| 广东建设职业技术学院 | 工程造价 | 建筑工程管理系 | 专科 |
| 广东科学技术职业学院 | 工程造价 | 建筑工程学院 | 专科 |
| 广州南洋理工职业学院 | 工程造价 | 建筑工程学院 | 专科 |
| 茂名职业技术学院 | 工程造价 | 土木工程系 | 专科 |
| 广州城建职业学院 | 工程造价 | 建筑工程学院 | 专科 |
| 广东文理职业学院 | 工程造价 | 建筑工程学院 | 专科 |
| 广州珠江职业技术学院 | 工程造价 | 建筑艺术珠宝学院 | 专科 |
| 广州东华职业学院 | 工程造价 | 建筑工程学院 | 专科 |
| 广东创新科技职业学院 | 工程造价 | 建筑工程系 | 专科 |

续表

| 学校 | 开设有关工程造价/工程管理课程 | 隶属院系 | 学历/学位 |
|---|---|---|---|
| 广东信息工程职业学院 | 工程造价 | 工程技术系 | 专科 |
| 广东碧桂园职业学院 | 工程造价 | 未分 | 专科 |
| 广东松山职业技术学院 | 工程造价、建设工程管理 | 经济管理学院 | 专科 |
| 东莞职业技术学院 | 建设工程管理 | 建筑学院 | 专科 |
| 广东南方职业学院 | 建筑工程管理（工程造价方向） | 工程系 | 专科 |
| 广州华商职业学院 | 工程造价 | 建筑工程学院 | 专科 |
| 广州华夏职业学院 | 工程造价 | 建筑与艺术传媒学院 | 专科 |

**广东省开设工程造价与工程管理专业的独立院校表　　表 4-3**

| 学校 | 开设有关工程造价/工程管理课程 | 隶属院系 | 学历/学位 |
|---|---|---|---|
| 广东工业大学华立学院 | 工程造价、工程管理 | 城建学院 | 工学学士 |
| 北京理工大学珠海学院 | 工程管理 | 商学院 | 管理学学士 |
| 广东技术师范学院天河学院 | 工程造价 | 建筑工程学院 | 工学学士 |
| 广东海洋大学寸金学院 | 工程管理 | 工程技术系 | 管理学学士 |

2020 年 3 月，广东省工程造价协会发布了《关于公布广东省二级造价工程师教育培训合作单位（第一批）的通知》，共 30 家单位入选二级造价工程师教育培训合作单位，其中广州市和深圳市就有 18 家，侧面说明经济发达地区，工程造价行业也相对发达，各地级市二级造价工程师教育培训合作单位数量见图 4-2，具体单位详见附录。

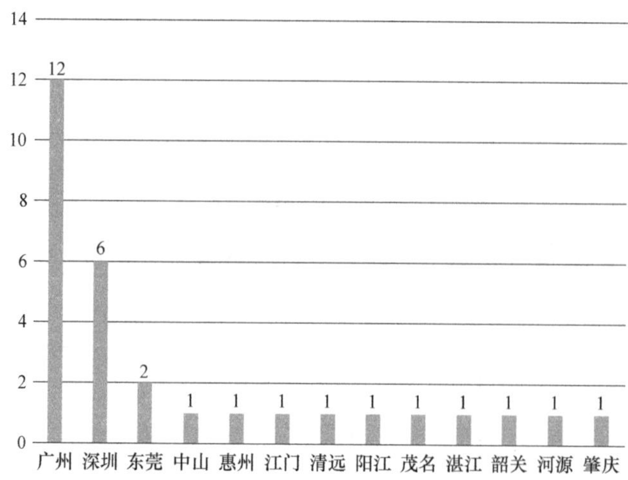


图 4-2　广东省二级造价工程师教育培训各市合作单位数量图（第一批）

### 4.4.1 数据分析

由图 4-1 及表 4-1 可知，广东省共 51 所本科院校，其中开设工程造价专业的院校有广东白云学院、广东工商职业技术大学、广东理工学院和广州科技职业技术大学 4 所（含 2 个专科造价专业），只占整个本科院校的 7.8%；开设工程管理专业的院校有 12 所，占整个本科院校的 23.5%。其中只有广州大学工程管理专业是设置在管理学院下，其他的都是在建筑与土木工程院系、土木工程院系等中，且授予的学位有管理学学士学位以及工学学士学位两类。

由图 4-1 及表 4-2 可知，广东省共 87 所专科院校，其中开设工程造价及工程管理专业的院校有 28 所，占整个专科院校的 32.2%，有 12 所将工程造价专业分属到建筑工程类院系，5 所分属到建筑与艺术类院系，6 所分属到土木工程与工程技术类院系。

由图 4-1 及表 4-3 可知，广东省共 16 所独立院校，其中开设工程造价专业的院校有 2 所，只占整个独立院校的 12.5%，有 3 所开设了工程管理专业，占整个独立院校的 18.8%。其中北京理工大学珠海学院是将工程管理专业分属到商学院，其他的三个学校将专业分属到城建学院、建筑工程学院以及工程技术系。其中广东工业大学华立学院和广东技术师范学院天河学院授予工学学士学位，广东海洋大学寸金学院和北京理工大学珠海学院授予管理学学士学位。

由表 4-1～表 4-3 可知，在所有的 45 所开设工程造价和工程管理专业的院校当中，只有 16 所院校授予管理学学士和工学学士学位，占 35.6%；29 所专科学历院校，占 64.4%，差距比例过于悬殊。说明我们的造价人员大部分是专科文化水平，学历以及知识理论水平均不够高。

### 4.4.2 教育实践方面存在的问题

（1）工程造价与工程管理教育是一种典型的以培养复合型、应用型人才为目标的教育模式，在标准化课程体系学习的基础上，更注重培养学生的动手实践能力、创造能力。自 1998 年以来，我国工程管理（造价）本科教育得到了一定的发展，但值得注意的是，在高等教育规模迅速扩张的同时，学生的培养质量却令人担忧，越来越多的企业对工程造价与工程管理专业毕业生的实际动手能力、创造能力有所不满，反映出学校对学生的培养与实际需求脱节的现象。因此，在教育学习的基础上，探索培养工程造价与工程管理专业学生的实践能力成为本专业教育成功的关键。

（2）21 世纪所需要的工程人才，无论是侧重工程管理，还是侧重工程技术，都要以工程实践为基础。应用型工程造价与工程管理专业必须重视学生的工程实践教育。但是有些学校仅关注理论知识的学习，对于学生的校外实习教育却不予重视，同时在校期间对学生的工程造价软件的学习投入不足，造成许多学生刚走上工作岗位时不能熟练操作或运用相关软件。学校只关注是否开课，是否学习，但对于学习质量的把控还是一个未知数。

（3）学生在外实习很难落到实处。在实习期间，由于时间较短及专业限制，学生要在校外找到一个合适的实习单位，做到由专人指导实习比较困难。学生在刚接触实际工程造价工作时，面对烦琐的工程量计算规则和套价规范，不清楚的情况太多，要经常向造价人员请教，会影响他们的正常工作。通常情况下，造价工程师不愿意义务带这样的学徒，这就制约了工程造价训练的实施。

（4）学习的专业相对单一。目前就广东省各高校来说，除去本科院校，一般只专注于本专业的学习，对于其他一些辅助性的专业学习不怎么关心。学校不应该只专注于专业的学习，培养学生的思维方法也很重要，同时还要辅导学生能够将所学的各种知识融会贯通，知识不成系统是无法发挥作用的。

### 4.4.3 应对措施

（1）坚持本土化与国际化相结合，同时理论和实践相结合；坚持通识教育基础上的宽口径专业培养，训练学生的基本素养和能力；坚持以学生为中心，厚基础，重实践，强调思维能力与全球视野，课内与课外相结合，科学与人文相结合，操作与仿真相结合；课程内容体系与建造师、造价工程师、咨询工程师（投资）、监理工程师等国内主要执业资格考试相对接，以利于学生的职业发展。

（2）工程管理与工程造价专业是实践性很强的专业，传统的教学手段已越来越不利于学生对知识的掌握，需要在采用电子化教学、现场教学和提高教学趣味性等方面进行大胆探索和改革。一些课程如施工技术，若仅凭教师讲授施工工艺，学生很难有深刻直观的印象，甚至可能听不懂。若播放施工录像或将施工工艺制作成配有音乐、动画的多媒体课件，既可增加学生的直观认识，又能调动学生的学习兴趣。而针对一些管理类课程如建设项目管理、建设工程合同管理等，应积极开展案例教学、讨论教学、发散思维教学等方式，鼓励学生积极思考，提高他们分析问题、解决问题的能力。在实践性教学环节的指导上，可以尝试实行校内导师和校外导师相结合的双导师制，既充分利用社会资源为工程造价、工程管理专业教学服务，同时又加强课堂教学和工程实践之间的双向联系，促进本专业办学水平的提高。

（3）校内实训基地的建设。建立工程造价实训教育基地，可以提高学生的动手能力，实现毕业就业零过渡。如果学校的财政无力承担这些费用，也可以采取校企合作实训基地建设模式，寻求政府或者企业的支持，让企业来学校设工作室，派驻有经验的专业人员，和老师共同带领学生完成实践教学学习。在教学实践中，已有广州大学与广东省工程造价协会联合几家大型造价咨询公司、软件公司合作开办“校企协同育人工程造价实验班”，部分专科学校开设“造价工作室”等措施强化实践教学环节。

### 4.4.4 学生在建筑业变革时代应具备的能力探讨

（1）在21世纪的人才大战当中，需要的不仅仅是专一性人才，更多的是需要复合型人才。工程造价、工程管理专业是工程技术与管理交叉的复合型学科。一方面，现代社会分工越来越细致，隔行如隔山的情形越来越普遍；另一方面，现代社会生产及组织管理也越来越要求复合型人才。只具备单一的专业性已经不足以适应社会的需求。因此，工程造价、工程管理专业的学生应该做复合型人才，既懂技术，又对其他的专业也有一定的学习和理解；同时，在互联网发达的今天，大数据、区块链、物联网等都是要学习的知识，这样才能更好地适应社会。

（2）理论要和实际相结合。学生在学校学习的知识都是有限的，老师所教授的也是有限的。而工程造价和工程管理专业注重于理论与实际相结合，其计算和管理的也都是最前沿的价格信息，因此，不能只局限在书本上的理论知识，应该多关注现实的状况；同时，脱离理论知识的学习也是不可取的，如果没有足够扎实的理论知识基础，再多的实际经验也是不牢靠的。

## 4.5 全过程工程造价管理与全过程工程咨询

我国于20世纪90年代初从国外引进了全过程造价管理理念，在英国建设工程造价管理体系的基础上，提出了建设项目全过程造价管理的概念——WPCM（Whole Process Cost Management），即要求工程造价的计算与控制必须从立项就开始，直到工程竣工为止。

为推进我国的全过程造价管理理论和实践研究，中国建设工程造价管理协会做了大量的推动和引导工作。1995年协会理事会工作报告中全面总结了我国工程造价管理从传统的定额管理向全过程造价管理转变过程所具有的极其重要的意义。

2014年，住房城乡建设部在《关于进一步推进工程造价管理改革的指导意见》（建标〔2014〕142号）中指出要完善工程全过程造价服务，通过建立健全工程造价全过程管理制度，实现工程项目投资估算、概算与最高投标限价、合同价、结算价政策衔接，推行工程全过程造价咨询服务，更加注重工程项目前期和设计阶段的造价确定。

2017年，《住房城乡建设部关于印发工程造价事业发展“十三五”规划的通知》（建标〔2017〕164号）中提出要坚持培育全过程工程咨询，大力推进全过程工程造价咨询服务。

2017 年 2 月，《国务院办公厅关于促进建筑业持续健康发展的意见》（国办发〔2017〕19 号），明确指出要培育全过程工程咨询，鼓励投资咨询、勘察、设计、监理、招标代理、造价等企业采取联合经营、并购重组等方式发展全过程工程咨询，培育一批具有国际水平的全过程工程咨询企业。

2019 年 3 月，国家发展改革委、住房城乡建设部联合发布了《关于推进全过程工程咨询服务发展的指导意见》（发改投资规〔2019〕515 号），提出要充分认识推进全过程咨询服务发展的意义，以投资决策综合性咨询促进投资决策科学化，以全过程咨询推动完善工程建设组织模式，鼓励多种形式全过程工程咨询服务模式，优化全过程咨询服务市场环境，强化保障措施。

2019 年 5 月广东省住房和城乡建设厅发布了《广东省建设项目全过程造价管理规范》（粤建公告〔2019〕23 号，以下简称《规范》），从 2019 年 8 月 1 日开始实施，这代表广东省建设工程将全面进入全过程造价管理阶段。《规范》针对工作准备阶段、项目前期阶段、招标采购阶段、合同履行阶段、工作总结阶段等均做了全面的描述，对于规范全面推广工程造价全过程管理起到积极作用。

《规范》中对“全过程造价管理”做了如下定义：运用现代项目管理的方法，以项目造价管理为核心、合同管理为手段、信息化动态管理为工具，在项目建设各个阶段、各个环节进行的有关工程、货物、服务等方面的造价管理活动，实现全要素综合成本最低、全生命周期投资价值最优、全参与方综合效益最好的目标。对全过程造价管理做了很好的诠释。

### 4.5.1 项目投资决策阶段

在项目的投资决策阶段，项目的经济决策和各项技术对项目投资以及项目建成以后的经济效益有着决定性的影响，是项目投资控制的一个很重要的阶段。具体来讲，在项目决策阶段，新建项目在项目建议书批准以后，工程造价咨询机构应根据国民经济长期发展规划、地区经济发展、各行业经济发展规划的基本要求，对拟建项目在技术上是否先进适用，经济上是否合理、有利，在社会上能否创造效益，资金落实情况等方面进行全面、充分的调查、分析和论证，搞好可行性研究，为决策者提供可靠的依据。投资决策阶段工程造价对建设工程全过程工程造价具有纵览全局的决定性影响。建设项目的可行性研究及投资决策是产生工程造价的源头。合理确定造价是评估建设项目、开展后续工作的关键。

### 4.5.2 项目设计阶段

项目设计阶段的设计费支出只占建设工程全寿命费用的 1%以下，但对工程造价的影响却达 75%以上，且往往容易被忽视。因此，工程造价咨询人员应将设计阶段的造价管理作为全过程造价管理中的重点来抓。项目初步设计概算有一定的准确性并达到国家或行业规定的深度，是有效控制工程造价的前提。抓住设计这个关键，对工程造价的控制可以取得事半功倍的效果。设计阶段的造价控制，是造价的源头控制，也是最根本、最重要的控制。

### 4.5.3 项目招标投标阶段

目前我国施工招标推行的是工程量清单报价方式，是适应市场经济发展的需要并逐步与国际市场接轨的做法。在许多人看来，造价就是简单的加减乘除运算或简单地套用定额，事实并非如此。随着社会的不断发展和科技的进步，技术和设备快速更新，这就要求造价人员具有较强的预算业务知识，而且应具备一定的工程设计知识和施工经验，以及新材料与机械施工技术等综合性的科学知识，只有这样才能在计算工程量时不重不漏。编制任何一个工程项目投标书，都是一项系统工程，评标小组客观评价离不开投标书的技术措施、施工方案、质量保证及企业社会业绩等综合因素的评判。因此，建筑施工企业应积极参与市场竞争，组织强有力的投标班子做好工程项目的投标工作。投标班子应当是本企业中最优秀的经营和管理人才，包括造价工程师、工程技术人员、经营、财务、企业部门的负责人，能深刻理解招标书的全部内容，并根据企业的实际情况进行工程报价的测算，运用报价策略进行工程投标报价，根据招标书的要求和企业自身设备、装备的实际情况编制高质量、切实可行的施工组织设计。这是工程造价管理最基础的工作。

### 4.5.4 项目实施阶段

施工企业中标后，在项目实施阶段，必须进行全方位的工程造价管理，而且这种管理是随工程进度全过程的动态管理。施工企业运用目标管理控制工程成本，制定内部控制的目标成本进行工程造价管理，使成本管理渗透到施工技术、施工方法、施工管理的措施中，对施工过程中出现的各种消耗指标进行分解和落实，及时纠正将要发生和已经发生的偏差，把各项施工费用控制在目标成本的范围之内。首先，是重视施工合同。合同管理对造价控制起着很重要的作用，建设单位管理人员必须充分理解和熟悉合同条款。一方面要利用合同条款随时解决工程造价纠纷；另一方面要全面履约，以避免索赔的发生。另外，对施工单位不履行或不完全履行合同约定义务的，建设单位也可以向施工单位提出反索赔，先发制人，以减少建设单位的损失，降低工程造价。其次，是施工管理过程中控制工程造价，主要是材料价格的控制。在施工阶段必须严格按照合同中的材料用量进行控制，合理确定材料预算价格的构成，同时还应密切注意市场行情，随着工程进展情况深入现场、市场，掌握施工情况及材料信息，为竣工决算提供有力的依据。最后，是严格控制变更。施工中引起变更的原因很多，例如：工程地形或地质资料变化，地下水排水方案变化需增加抽水台班，现场开挖管线或有其他障碍物处理，土石方因现场环境限制发生场内转运、外运及相应运距变化，不可抗力造成的无法用定额规定进行计算的大型设备进退场费用等，这些问题都会给工程造价带来变动。所以在施工过程中要严格把握变更关，对必须发生的设计变更，尤其是涉及费用增减的设计变更，须经设计单位代表、建设单位现场代表、监理工程师共同签字并尽量提前实现这类变更，因为变更越早损失越小。

### 4.5.5 项目竣工结算阶段

竣工结算阶段是工程造价管理的终点站。竣工决算如何真实地反映整个工程的实际造价，从某些方面来说也反映了发包方和承包方对工程造价管理的能力。该阶段应认真审核工程预结算，剔除其中多算工程量、高套定额、高取费用、不切合实际的签证、不合理的技术措施等增加的费用；根据所掌握的材料价格信息，着重审查是否抬高材料价格；加强合同管理，实行合同逐项审查制度，使工程造价通过具有法律约束力的合同得以确认和控制；此外，在工程竣工交付使用后，要进行项目后评价，根据既定规则，分析比较工程范围、进度和造价的变化情况，总结经验，并将造价资料整理录入计算机，以便今后使用。工程项目竣工决算时，一些施工单位在竣工结算书中常会多算，建设单位则乱压价，扯皮现象严重，工程结算一拖再拖，有的一拖就是几年，使工程建设项目的使用和建设工程造价的确认严重滞后，损害建设方与施工方的利益，影响项目工程造价的实际结果。因此，工程结算必须按照国家有关政策和规定，实事求是地进行编制。

工程造价管理是一项技术性、专业性、政策性很强的工作，贯穿于投资决策、项目设计、招标投标和建设施工各阶段，工程建设的各有关主体应转变观念，积极创造条件，促进工程造价咨询机构参与建设项目全过程造价管理，为合理确定和有效控制建设工程造价做出应有的贡献。

# 第5章

# 行业新问题

## 5.1 “双 60”的取消

2020 年 2 月，住房城乡建设部发布了关于修改《工程造价咨询企业管理办法》《注册造价工程师管理办法》的决定（住房城乡建设部令第 50 号，以下简称“50 号部令”），正式宣布取消《工程造价咨询企业管理办法》（建设部令第 149 号，以下简称“149 号令”）第九条第二项中关于企业出资人中注册造价工程师人数占比和出资额占比不低于 60%的规定，取消“双 60”的准入要求。

同时，50 号部令还大幅度降低了造价咨询企业资质要求，其中一级造价工程师人数甲级由 10 人降为 6 人，乙级由 6 人降为 3 人，并取消了对办公场所人均面积和营业收入的要求，降低了甲乙级工程造价咨询企业的准入门槛。同时将乙级资质企业可承接的工程造价上限由 5000 万元提升为 2 亿元，扩大了乙级企业的从业范围和生存空间。删去了设立分支机构的相关规定，为全国执业扫除了障碍。

此次对 149 号令的修订，是住房城乡建设部为贯彻落实国务院深化“放管服”改革精神、优化营商环境所采取的一项重大措施，将对工程造价咨询企业的发展产生重大的影响，对工程咨询行业生态重塑、市场竞争格局、咨询业务范围、企业定位和与国际接轨等产生深远影响。50 号部令的颁布实施，是工程造价咨询行业发展史上重要的里程碑事件。

### 5.1.1 此次重大改革带来的影响

（1）对优秀造价咨询企业进入资本市场的影响

“双 60”的取消，彻底打破了工程造价咨询企业进入资本市场的政策限制。长期以来，“双 60”政策对保护工程造价咨询企业早期的生存和发展有着非常重要的作用。但是，随着国家经济形势和行业发展的变化，“双 60”政策已逐渐成为制约工程造价咨询企业发展的一个障碍。此次对 149 号令的修订，为造价咨询企业进入资本市场进一步做大做强创造了条件，具有非常重大的促进作用。

目前，已经有部分工程咨询或工程造价咨询企业在“新三板”上市，取消“双 60”的限制将会为资本的进入带来便利。在市场经济体制下，拒绝或回避资本的介入是不可能的，优秀的企业应该充分考虑借助资本的力量提升自身的科技实力和规模效应。

（2）对监理企业的影响

此次对 149 号令的修订，将对监理企业起到很好的推动作用。大的监理公司基本具备资质申请条件，在进行合同管理和造价控制方面具备独特的优势，可以结合施工管理、技术管理以及组织协调手段提供良好的造价咨询服务。此次住房城乡建设部对造价咨询资质取消股东双 60%限制、降低造价工程师和造价人员的数量、取消办公用房要求、取消分公司注册要求等规定的修改，更有利于工程监理企业申请造价咨询资质，能够留住造价人员，更好地发挥工程监理的造价控制作用。同时在政府大力推动发展全过程工程咨询业务背景下，鼓励相关企业联合或者重组提供全过程工程咨询服务，工程监理企业可以说是最有条件提供全过程工程咨询的单位。此次对 149 号令的修订促进工程监理企业提高工程监理的造价控制水平，扩大了企业咨询服务范围，可以更好地参与全过程工程咨询业务，更好地跨区域承揽业务等。

（3）其他业务主体的进入带来巨大竞争

“双 60”的取消及工程造价咨询企业申请资质条件的降低，实质上已最大限度地降低了资质对企业承接业务的影响，对小微企业的发展有着极大的促进作用，可能出现的一个局面就是将会迅速产生大量的小型造价咨询公司。

“双 60”的取消，不仅打破了工程造价咨询企业登陆资本市场的限制，同时也打破了外资企业和国企进入工程造价咨询市场的限制。尤其是取消工程造价企业专业人员对存档机构的限制，是放开国企进入工程造价市场的强烈信号，预示着工程造价咨询市场的一个重大变局。例如，在取消“双 60”限制后，2020 年 4 月，广东省建筑设计研究院有限公司迅速申请取得了工程造价咨询企业资质，进一步拓宽了造价业务范围的同时，借助设计＋全过程造价相结合的先天优势，充分发挥设计优化＋投资控制的双重作用，在工程造价管理改革的大潮中高质高速发展。另外，轻资产的房地产公司、优秀的项目管理公司等可以借助其集成管理优势和业务渠道用资本控股或参股咨询企业。

因此，对工程造价咨询企业而言，可能会从一个“行业”降维为一个“专业”。毋庸置疑，前期价值管理、工程计量支付以及全过程工程造价咨询业务会存在一定程度的挤占，而工程造价审计、工程造价鉴定业务短期内影响不会太大。但是，工程造价咨询业务均会面临更为严酷的价格竞争。“双 60”取消后，行业会重新洗牌，大的企业可以通过股权和资本的纽带大力拓展工程全过程咨询乃至 EPC 业务，小的企业可通过做精做专争取一席之地。

（4）对咨询行业的影响：新工程咨询出现

“双 60”的初衷是保护工程造价咨询产业，但是经过二十余年的发展，形势发生逆转，“双 60”已经成了工程造价咨询产业进一步融合进入工程咨询产业的最大障碍。工程造价咨询企业与招标代理、监理、设计、勘察等企业合并重组无法逾越双 60%的控制红线，客观上阻碍了新工程咨询产业的形成与发展。

① 破除“双 60”限制可催生崭新的工程咨询模式：全资质工程咨询（可研、勘察、设计、招标投标、监理、造价）、标准工程咨询（招监造）。尤其是后一种标准工程咨询可能是现阶段工程造价咨询企业寻求突围的最佳途径。

② 崭新的工程咨询迎来全咨新时代：之前，大多数企业资质不全，尤其是监理与造价咨询分隔，割裂了全咨核心项目管理的三大目标控制，使得全咨推行过程中举步维艰。现在把“双 60”这道“隔离墙”拆除，打通了工程造价咨询产业与其他咨询产业的链条，可以预见，工程造价咨询企业将会与工程监理企业甚至勘察设计企业大量合并，成为“新工程咨询”企业，以全能、全资质的崭新面貌为全过程咨询服务。

（5）对产业内部的影响：企业分层

取消“双 60”将加速咨询企业内部及工程造价咨询产业的分化瓦解，促进工程咨询企业业务综合化、经营规模化、市场国际化，形成具有国际竞争力的工程咨询企业。产业内部将出现马太效应与分层效应叠加，马太效应指强者愈强，弱者愈弱；分层指可能出现头部、中部和底部三层布局。

① 头部（全能引领）：合纵连横，将出现以全咨主导的贯通工程咨询产业链的“新工程咨询”全能企业，率先从设计院、超大型工程监理和超大型工程造价咨询企业（千人以上、亿元产值以上）中产生。这一批规模企业将成为大型投资企业的长期战略合作伙伴，走向高端服务，并通过控股逐步进入多个行业市场，通过投融资成为综合型工程造价咨询企业，或者发展成为可以承接全过程工程咨询的综合型超级工程咨询企业。头部企业的发展方向：投融资＋新工程咨询。

② 中部（跟随）：坚持一业为主，坚持以特色产品为主导或以某个地域为区域，再发展其他，向综合性全能“新工程咨询”企业发展。其主要特征是：（工程设计＋招监造）、（工程造价＋……）、（工程监理＋……）。中部企业的发展方向：纵向向全能头部发展、横向向区域特色发展。

③ 底部（分包）：纯招采、纯监理、纯造价咨询业务，并且可能出现筑底业务分包趋势，如工程造价咨询的算量筑底业务专业分包等。底部企业的发展方向：小专精的专业咨询、专业筑底分包。

④ 大型垂直平台公司将会应运而生。一些具有互联网基因的造价咨询机构，会借助于互联网工具，协同大数据＋云计算＋物联网＋人工智能＋区块链的技术催生平台型企业，给予个人执业者和小规模企业寄生的平台，其规模大小决定了

对既有生态系统的影响程度。目前此类企业已经在北京形成了，并且正迅速裂变、超速发展、壮大。

### 5.1.2 面对此次重大改革的应对策略

此次改革与政策的出台，必然会改变工程造价咨询市场乃至整个工程咨询市场的格局。各类咨询公司应当立足专业，着眼未来，强化管理，创新发展；取长补短，优势互补，加强合作，共同发展；适应市场要求，提升价值服务；回归咨询本质，找准自身定位，结合各自企业的优劣势，从企业自身下功夫，脚踏实地发展。

（1）识大势、应潮流，走全过程工程咨询之路

本次改革及政策出台，真正目的不是简单地改变企业注册人数的限制、注册程序的简化，而在于彻底打破过去马路警察各管一段的碎片式咨询的弊病，打通可研、勘察、设计、招标、造价、监理六大业务领域的界限，真正为企业开展全过程工程咨询扫清障碍。所以，各造价咨询企业应当结合自己的优势，通过申请、重组等方式尽快拿到其他资质，壮大自身。以资本扩大规模，以人才占领区域，以技术控制质量，以愿景规范行为，迅速发展“航母型”大型工程咨询企业。

（2）做专做好自己的产品，争取更多的客户，提高实力，扩大规模

面对本次改革和重大政策，造价咨询企业尤其是中小企业不要惊慌失措，最重要的是练好企业内功，只要将自己的产品和服务做专做好，并且持续改善，与时俱进，研发新的服务产品，提高服务水平，定能以实力赢得市场。

（3）提高服务水平，由单纯“技术＋体力”的咨询服务向“顾问＋管控”的咨询服务升级

面对激烈的市场竞争，造价咨询企业只有想业主之所想、急业主之所急，真正成为业主的贴心顾问，并将过去单纯为业主计量、计价的底层基础服务提升到能为业主策划项目、优化方案、分析合约、融合商法、筹划财税、增值项目的高端服务上来，才能立于不败之地。

（4）以现代信息技术为手段提高企业核心竞争力

造价咨询企业要紧跟时代发展，借助于大数据＋云计算＋物联网＋人工智能＋区块链的技术，做到人无我有、人有我精、人精我专，真正发挥技术优势，提高咨询效率，才能真正占领市场。

（5）对内强化管理，对外塑造品牌，赢得社会美誉度

造价咨询企业要通过全过程控制、精细化管理、流程再造、合作协同、商法融合等手段强化内部管理，向管理要效益。同时要通过参与社会服务、加强自身宣传、增加媒体曝光度等手段塑造企业品牌。通过引进、厚待、培养、重用等途

径提高企业人才素质，赢得社会美誉度。塑造高信任度（信誉）的品牌，以品牌获取“溢价效应”。

（6）坚持做专业的人、做专业的事

面对行业的重大变革，企业应做的就是回归本质，回到从业人员上，人才是根本的生产力，咨询企业的竞争归根结底是人才的竞争，大多数企业都面临高端人才不足的问题，没有人才的支撑战略只会是一句空喊的口号。造价咨询专业必须回归本源，重拾本行，搞懂弄通工程造价的客观规律，科学确定和合理控制建设投资目标，这样才有生存发展的价值和空间，造价专业人士才能得到社会的尊重。与其去做一个别人不认可、自己也并不擅长的总咨询人，还不如做一个专业特色鲜明、货真价实的造价人更切合实际，更脚踏实地。当然造价人是需要与时俱进的，必须掌握现代化的信息和技术手段去武装自己，使咨询服务更高效。

总之，此次造价行业改革与政策实施，定会牵一发而动全身，对行业产生巨大影响。但不管什么行业、什么企业，只要将自己的产品和服务做专做好，做出差异化和明显优势，并且持续改善、与时俱进、把握机遇、高瞻远瞩，定能实现企业基业长青，顺利实现造价咨询企业的转型升级。

## 5.2 自贸区“证照分离改革，取消工程造价咨询资质”的影响

工程造价咨询企业资质是指从事建设项目投资估算编制、审核与项目经济评价及工程概算、工程预算、工程量清单、招标标底、投标报价、工程结算、竣工决算专业的资质，分为甲级资质和乙级资质两种。其中甲级工程造价咨询企业资质由住房城乡建设部审批；乙级工程造价咨询企业资质由省、自治区、直辖市人民政府建设行政主管部门审批，报住房城乡建设部备案。为进一步改变“准入不准营”现象，使企业更便捷地拿到营业执照并尽快正常运营，2019 年国务院发布《关于在自由贸易试验区开展“证照分离”改革全覆盖试点的通知》（国发〔2019〕25 号），文件明确指出要在各自由贸易区取消审批工程造价咨询资质证书，且各自由贸易试验区所在地设区的市范围内，在政府采购、工程建设项目审批中不得再对工程造价咨询企业提出资质方面要求，这一国家政策的实施对工程造价咨询行业的发展将产生较为深远的影响。

“证照分离改革，取消工程造价咨询资质”是政府为了深化“放管服”“优化营商环境”改革提出的重要举措，将对工程造价咨询行业的发展起到积极的推动作用。但是放宽工程造价咨询行业准入条件后，一定时期内可能会对现有的市场产生冲击，尤其是市场行业门槛降低，大批量的企业或者人员涌入行业市场，将造成行业竞争激烈，甚至可能会出现低价恶性竞争的情况，对工程造价咨询业务的成果质量会有一定的影响。对此，在以下三个方面提出相应对策措施。

### 5.2.1 信息互联互通

（1）建议实现平台互联互通及信息的实时推送功能

企业基本信息和注册造价工程师基本信息、良好行为信息、不良行为信息建议均从“企业和人员信息诚信申报平台”统一填报，实时推送至政府合同与造价监管平台，减轻企业重复填报负担。

（2）建议完善造价工程师信息库，与企业信息中的成果文件信息实现互联互通

通过互联网的自动识别、归类功能将项目信息自动纳入造价工程师个人业绩，增强造价工程师在造价咨询业务中的主体作用，加速新营商环境下造价咨询行业监管由“重企业”向“重个人”的转变。

### 5.2.2 优化检查内容和考评比重

新营商环境下，除确立信用监管的核心地位之外，还应对“双随机一公开”监管、重点监管等行政监管手段和监管内容进行优化，以适应新形势下行业发展的需要，形成一套相互促进、互为补充的动态监管体系。

资质取消后，原有资质评价指标将不复存在，监管内容将从“管主体”“管企业”向“管行为”“管项目”转变。

（1）加大成果文件质量考评的比重

资质取消后，成果文件质量将成为衡量企业业务水平的重要指标。目前的成果文件检查分现场检查（随机抽取 2 份，开展规范性检查）和带回审核（随机抽取 1 份，带回深度检查）两部分。建议在现场检查阶段增加抽查成果文件的数量，并在评分表中增加成果文件检查指标子项和分值权重。

（2）加大个人执业资格考评的比重

一是建议在执法检查中增加注册造价工程师检查指标数量和分值，例如在指标中增加注册造价工程师是否在执业范围内执业、是否有违反注册造价工程师义务的各类行为；二是成果文件现场检查时，建议从以企业为主体抽取成果文件，调整为以注册造价工程师为主体抽取成果文件（每家企业先抽取注册造价工程师，再抽取该注册造价工程师的成果文件）；三是在检查中发现注册造价工程师存在违法违规行为，而该注册造价工程师已离开原执业单位，无法予以处罚或信用惩戒的，将其违法违规行为抄送至现注册单位所在地的行业管理部门和注册机构。

### 5.2.3 健全与完善行业自律的惩戒联动机制

（1）优化行业自律机制

积极完善行业自律机制，加大工程造价咨询行业自律公约的执行力度，倡议在工程造价咨询企业开展“守法、诚信”的经营理念，提倡“科学公正、优质服

务、廉洁自律”的职业准则，守法经营，诚信敬业，共同维护行业自律公约。通过强化自我约束机制，推进工程造价咨询行业的职业道德建设，提高工程造价咨询行业服务质量。

(2) 建立不良行为处理联动机制

一是完善会员不良行为追加惩戒机制。对于企业或个人会员受到建设行政监管部门的行政处罚或在执法检查中发现的违法违规行为，协会应主动跟进，根据会员违规行为情节轻重，予以追加惩戒。惩戒方式包括但不限于协会刊物和协会网站通报、公开谴责、取消会员资格、列入企业黑名单等。二是完善不良行为移送机制。对于协会在日常检查、投诉举报处理等过程中发现的违法违规行为，除按照行业协会廉洁自律公约进行惩戒外，还应及时移送建设主管部门，根据法律法规予以相应处罚。

## 5.3 广东省造价改革

### 5.3.1 广东省工程造价市场化改革进程

2018年11月，广东省住房和城乡建设厅发布了广东省地方标准《建设工程政府投资项目造价数据标准》DBJ/T 15—145—2018。为规范广东省建设工程政府投资项目全过程造价数据，统一数据格式、内容，实现数据共享，制定了该标准。标准适用于广东省建设工程政府投资项目全过程造价数据的生成、存储、交换、编辑、管理和应用等活动。标准定义了全过程造价数据的格式和内容，建设工程政府投资项目造价软件、应用系统、管理平台等造价数据应符合本标准规定，工程计价文件的数据交换、重算结果应一致。

2019年5月，广东省住房和城乡建设厅发布了广东省地方标准《广东省建设项目全过程造价管理规范》DBJ/T 15—153—2019。为加强广东省建设工程造价管理，规范建设项目全过程造价管理的内容、范围、要求和质量标准，广东省建设工程标准定额站会同广东省部分造价管理部门、建设单位、施工企业以及粤港工程造价咨询公司，认真总结实践经验，参考借鉴国际做法，结合广东省实际，制定了该规范。

2020年1月，广东省人民政府办公厅印发了《广东省综合评标评审专家和评标评审专家库管理办法》(粤府办〔2020〕1号)。为充分发挥评标评审专家作用，规范评标评审行为，提高评标评审工作质量，根据《中华人民共和国招标投标法》《中华人民共和国招标投标法实施条例》和《广东省实施〈中华人民共和国招标投标法〉办法》等法律法规，制定了该办法。

2020年3月，为加大工程造价改革工作的落实力度，提升造价改革试点工作的成效，广东省建设工程标准定额站在总结广东省建设工程造价纠纷处理系统试运行一年多的经验基础上，制定了《广东省建设工程造价纠纷处理系统管理办法》和《广东省建设工程造价纠纷处理系统专家考评办法》。

2020 年 7 月，广东省住房和城乡建设厅印发了《广东省住房和城乡建设厅关于深化房屋建筑和市政基础设施工程领域招标投标改革的实施意见》（粤建市〔2020〕119 号）。意见提出以市场化为导向、以创新为动力，积极推进改革，全面推行招标人首要责任制，大力推进招标方式、评标方式、监管方式改革，构建公平、择优、竞价、廉洁、高效的招标投标制度环境，有效解决招标投标活动中存在的突出问题，促进广东省建筑业健康发展。其主要任务如下：①关于“推进招标方式改革”，从确立招标人首要责任制、推广工程建设组织先进模式、推行招标条件承诺制、严格规范招标投标文件四个方面进行了规定；②关于“推进评标方式改革”，从试行“评定分离”制度、倡导“择优与竞价相结合”竞标模式、全面实施电子招标投标、强化信息公开、严格专家管理五个方面进行了规定；③关于“推进监管方式改革”，从推动信用评价应用、加强投诉处理、推进“互联网+”监管工作、建立履约评价制度、开展标后核查履约监管、实行标后评估、防控廉政风险七个方面进行了规定（文件正文见附录 5）。

2020 年 7 月，住房城乡建设部办公厅关于印发《工程造价改革工作方案》的通知（建办标〔2020〕38 号）指出，推行“清单计量、市场询价、自主报价、竞争定价”的工程计价方式是本次改革方案的主要思路。一是管规则、管办法，二是完善工程计价依据发布机制，三是加强工程造价数据积累，四是强化建设单位造价管控责任，五是严格施工合同履约管理。同时指出，在工程造价管理改革的浪潮下，造价咨询行业需要提高专业能力和服务水平，以标准化为基础，以数字化为支撑，以制度化为保障，为委托方提供专业化的服务。

2020 年 11 月，广东省住房和城乡建设厅制定了《广东省住房和城乡建设厅关于香港工程建设咨询企业和专业人士在粤港澳大湾区内地城市开业执业试点管理暂行办法》（粤建规范〔2020〕1 号）。为切实推进粤港澳大湾区建设，落实内地与香港关于建立更紧密经贸关系的安排（CEPA）对香港服务业开放措施，进一步扩大建筑及相关工程领域对香港业界的开放，规范香港工程建设咨询企业和专业人士在粤港澳大湾区内地城市开业执业试点工作，根据《粤港澳大湾区发展规划纲要》的有关要求以及住房城乡建设部的有关工作安排，结合广东省实际，制定了此办法（文件正文见附录 7）。

### 5.3.2 广东省工程造价管理改革进展及经验

（1）完善市场化竞价机制方面

广东省构建了劳务人工价格监测系统和基础性材料价格监测系统。通过对影响价格的关键要素进行监测及预测，发布数据分析报告，提出对市场的研判观点，共同推进市场询价、自主报价、竞争定价机制的形成。截至2020年9月，人工价格监测平台已经开始输出成果，每月定期发布监测报告，为行业提供参考服务。基础性材料价格监测系统平台已搭建完成并投入试用，覆盖全省21个地市共140余个监测点，涵盖混凝土、钢材、砂石和水泥等上下游相关企业，为监管层获取真实市场数据从而制定与之相匹配的行业政策奠定了良好的基础，也为采用大数据、人工智能、云计算等新技术提升行业现代化治理能力进行了探索。

（2）推行数字化管理与在线政务服务方面

搭建了广东省建设工程定额动态管理系统和广东省建设工程造价纠纷处理系统。经过一年的试运行，两个系统秉持“以群众满意为核心”的改革理念，运用“互联网+数字工程造价服务”的模式，及时为从业人员解惑释疑、化解争议，得到了社会广泛赞誉及住房城乡建设部的大力推广。截至2020年9月，注册人数近万人，拥有各专业工程造价专家90余位，累计答复定额问题2000余条，动态修正定额数据1000余条，处理纠纷60余项，涉及争议标的额超过10亿元，整合了全行业的技术与人才资源，提升了省市工程造价管理机构服务水平，实现了“一网通问”“一网通答”，有效解决了群众办事难、办事慢、办事繁的难题。此外，从2020年7月1日起，广东省已全面停止线下受理工程造价纠纷案件，采用线上办公，并保证过程留痕、数据可追溯，让结果更公平公正。

（3）加强舆论引导方面

定期走访各建设参与方，宣传改革理念及意义，凝聚改革力量。广东省建设工程标准定额站坚持在微信公众号上发布工程造价改革工作动态，向社会各界传播改革新理论、实践新经验、试点新成效。同时，聚焦从业人员法律知识薄弱环节，组建专家团队，针对行业企业发展中的痛点、难点问题给出建议，每周推出专题法律研究文章，为社会贡献解决方案，促进工程造价从业者法务能力的提升。

《工程造价改革工作方案》（建办标〔2020〕38号）提出了具体改革任务，作为改革试点之一的省份，广东省已作出部署，将持续推动改革举措全面落地，力争形成可复制、可推广的经验，争当工程造价改革“排头兵”，力争在粤港澳大湾区建设中先行先试，探索接轨国际先进的、有中国特色的工程造价管理模式和方法，为实现中国工程造价管理国际化、推动中国建造走向国际市场提供坚实支撑。

2020年10月15日，住房城乡建设部标准定额司到广东省开展工程造价改革专题调研时指出：广东省作为全国工程造价改革试点，要继续发挥敢闯敢试、敢为人先的改革精神，对标国际一流工程管理，持续推动深化改革，探索运用新理念、新技术、新标准加强工程造价管理，通过改进工程计量和计价规则、完善工程计价依据和发布机制、加强工程造价数据积累等措施，不断完善工程造价市场形成机制，推动实现工程造价管理市场化、信息化、法治化、国际化，为全国探索更多可复制、可推广的经验做法。

## 5.4 BIM应用

BIM技术应用，可以看作是建筑产品信息化，也是项目组织的信息化，是将工程项目相关信息用数字化的形式通过计算机系统的共享平台进行跨部门传递和共享，协同开展工作。运用BIM软件平台进行辅助决策和信息集成管理，为决策者提供数据依据，为设计师创造共享平台，为施工方提供全方位的模拟建造服务，为管理者提供信息集成平台，实现全过程数据共享，使信息交付更加便捷准确，减少变更，精细化控制项目成本，为建设方创造最大的效益。

### 5.4.1 信息交付

项目建造的过程中，各方信息量会不断加大，当信息复杂到一定程度后，项目参与人员仅凭自身能力根本无法掌握，给传统工程造价管理中的信息收集、调用、归档工作带来了极大的挑战，这就需要借助计算机进行辅助管理。而BIM模型以三维可视参数化技术作为基础，可集成项目构建属性信息和三维物理信息，在项目的全生命周期内形成一个主体间相互关联的信息网。BIM将项目的所有信息集成于一个数据模型内，各供应链参与方能够随时随地切入模型、查阅项目信息，用以支持参与方的工作及监督履行各自职责。

BIM模型覆盖建设工程的全过程信息，通过信息共享平台的搭建，改善信息沟通方式，全方位打破信息壁垒和信息不对称，减少参与各方之间的矛盾，使信息交付便捷化，提高工作效率。

### 5.4.2 减少变更

在项目设计过程中，经常会由于设计人员之间的配合不到位，版本图纸混乱，使后期产生许多设计变更，对成本控制造成很大影响。当前很多设计院已经实现利用BIM模型来做设计。利用BIM技术进行设计时，不同设计人员可在同一平台上便捷交流，加强设计人员之间的沟通，从而减少设计变更的可能性，提高设计数据准确性。此外通过数据传输，所有设计人员都能浏览到最新设计模型，各个专业设计师可以方便快捷地获取到所需的数据和模型，在设计完成后及时上传相关信息，防止出现多个版本图纸，使设计工作既准确又高效地完成。

另外，还可依托设计方案BIM模型进行功能分区分析、建筑性能分析、室外环境模拟、场地分析、交通组织及人流疏散模拟分析、概算工程量准确性分析等，优化设计方案，分析经济合理性，实现对初步设计方案优化调整和控制概算的目的。

施工阶段利用BIM技术进行变更签证模拟，可提供变更签证实时工程量及实施分析，分析变更的合理性及变更前后的工程量，避免不合理变更签证，实现对设计变更、现场签证的有效管理和动态控制，优化变更管理，做好成本控制，有效解决工程结算超预算、结算时间长等难题。

### 5.4.3 控制成本

BIM技术作为新兴的建筑信息技术，能够把工程造价管理数据化、模型化、动态化，已在造价管理中初步推广和应用。BIM技术的普及，使造价人员关注的重点从传统算量上转移到造价成本控制等核心内容上，真正发挥出造价人员造价成本控制的作用。下面简要概述BIM技术应用于项目各阶段对成本控制的作用。

（1）项目前期投资中应用BIM技术，提高投资估算的准确性，优选方案。

（2）项目设计阶段应用BIM技术进行设计方案优化、校验概算清单工程量、限额设计，提高设计数据和成本数据的准确性，确保项目实施的技术可行性与经济合理性，做好造价控制工作。

（3）项目招标投标阶段应用BIM技术，利用BIM模型可直接提取工程量，编制工程量清单，提高招标投标实施效率，提高成本预算的准确性和高效性。

（4）项目施工阶段应用BIM技术，建立施工深化BIM模型，进行变更签证模拟，通过建立项目5D投资进度及施工进度模拟进行进度款审核支付管理、结算管理、辅助信息管理等。精确掌握工程进度，合理安排资金使用计划，控制项目投资。同时有利于做好成本控制、进度款结算以及后期的竣工决算等工作，提高造价管理水平。

BIM技术在各个阶段造价管理中的充分利用，可大幅提高造价工作的效率与信息化管理水平，将实现项目全过程的整体造价控制最优化。

## 5.5 国际合作

### 5.5.1 一带一路

“一带一路”是依靠中国与有关国家既有的双多边机制，借助既有的、行之有效的区域合作平台，旨在借用古代丝绸之路的历史符号，高举和平发展的旗帜，积极发展与沿线国家的经济合作伙伴关系，共同打造政治互信、经济融合、文化包容的利益共同体、命运共同体和责任共同体。

2020 年 12 月，广东省国民经济和社会发展第十四个五年规划提出深度参与“一带一路”建设，全面深化务实合作，优化贸易投资布局，更好发挥广东在“一带一路”建设中的战略枢纽、经贸合作中心和重要引擎作用，推进与沿线国家和地区基础设施互联互通，加强海港、空港合作，加快技术标准体系融通对接，拓展第三方市场合作，深化国际产能合作，加强产业链供应链协同合作，带动装备、技术、品牌、服务、标准走出去，高质量建设境外经贸合作区，深化公共卫生、数字经济、绿色发展、科技教育合作，促进人文交流。

工程造价行业应当配合国家“一带一路”倡议，加强与工程造价国际组织的交流与合作，引导工程造价服务“走出去”，促进工程造价事业发展再上新台阶。

### 5.5.2 加强国际合作

（1）推动工程造价咨询企业走出去

以“一带一路”倡议为契机，继续推动造价工程师资格国际互认和工程造价标准的双边合作，鼓励企业“走出去”开拓国际市场，承接国际咨询项目，培育一批具有国际化水平的工程造价咨询企业，打造中国工程造价咨询品牌。

（2）加快中外工程标准比对研究

行业主管部门、协会可组织开展对部分发达国家工程建设管理法规及标准体系的研究，组织编制中外工程标准比对研究方案，借鉴发达国家经验，提高中国工程标准水平和国际化水平。

（3）推动中国企业积极参与国际标准化活动

行业主管部门、协会可组织开展工程建设领域参与国际标准化活动的经验宣传、交流，提高参与国际标准化活动的积极性和广泛性，增强参与国际标准化活动的能力和水平。加大中国工程标准的宣传推广力度，发布中国工程标准使用指南，增强中国工程标准的社会影响力。

（4）加强与“一带一路”倡议参与国家的双边或多边工程标准交流合作

行业主管部门可选择中国承建工程较多、推广应用中国工程标准基础较好的国家，争取与其工程建设主管部门或标准化工作主管部门建立联系与交流合作渠道，促进标准软联通。选择具备条件的中国优势领域、优势技术和特色工程，开展“一带一路”工程标准融合试点工作，推动中国工程标准与试点工程所在国家共建、共享。

（5）国际交流与合作

2019 年 6 月，应国际工程造价促进协会（AACE）邀请，中国建设工程造价管理协会组织国内工程造价咨询企业、高等院校、管理机构等相关代表赴美国参加“全寿命期工程造价管理”调研活动，目的是学习借鉴发达国家全过程工程造价咨询及项目管理的先进理念和成熟模式，促进国内工程造价咨询服务高质量发展。此次国际调研行程包括参加全面成本管理体系（TCM）培训以及赴洛杉矶交通局学习交流等。本次调研活动为中国工程造价咨询企业与发达国家行业专业人士进行面对面交流互动搭建了平台，充分了解了国内外在项目管理方式等方面的差异，增进了中美同行间的互信和友谊。

2019年6月16～19日，由AACE主持的2019年度全球峰会在美国路易斯安那州新奥尔良市召开，中国建设工程造价管理协会组织全国各地优秀工程造价咨询企业代表、地方协会代表等10人组成代表团出席。峰会以“专业发展、全球视角、建立联系、体现价值、获得灵感”为主旨，由具有丰富实践经验的专业人士，以演讲方式与参会者共同研讨工程造价相关技术问题、管理方法及未来发展。会议期间，除参加主题演讲和分论坛外，中国建设工程造价管理协会代表团还与AACE领导层举行了正式会谈，双方就如何开展交流进行讨论。此次峰会进一步巩固和增强了中国在国际工程造价行业的影响力，增进了与世界各地工程造价专业人士之间的友谊，为国内工程造价咨询行业国际化发展提供了新的沟通与交流平台。

2019年8月23～27日，作为泛太平洋工料测量师协会（PAQS）会员国代表，中国建设工程造价管理协会理事长应PAQS的邀请，率代表团一行16人赴马来西亚沙捞越州首府古晋市参加第二十三届PAQS理事会及其国际专业峰会。此次国际会议内容安排较为丰富，无论是会议的组织设置、表现形式、会议论文征集，还是沟通交流方式均有很多值得借鉴的地方，具体表现在以下几个方面：

① 本次会议主题能够紧跟全球化和科技化发展趋势，选题贴切，紧跟时代潮流。当前，全球范围内建筑业依然面临着巨大考验，虽然工程项目众多，但竞争仍在加剧，业务趋于同质化。因此，各国专业组织均在尽力找寻适合自身行业发展的路径，而加强世界范围内专业领域的横向深度交流与合作，以及在传统专业领域充分利用最新科技手段，无疑是目前走出行业困境并保持可持续发展的有效途径之一。

② 从本届会议交流的论文内容看，伴随着全球化和科技化的发展，关注度较高的是实证性的研究和案例式论证方面的论文。这表明：研究和解决专业人士在业务过程中的实际操作性问题，并兼顾理论研究性的论文，越来越受到参会人员的青睐。

③ 本次会议除邀请所有正式会员参会外，还特别邀请了其他相关行业的专业组织代表参加大会，使峰会更具开放性和包容性。同时，这些相关专业组织的参与又在更大范围内拓宽了专业交流的范围，真正实现了专业间的跨界交流。

通过参加本次国际会议，中国代表团在交流行业情况及工作成绩的同时，进一步增进和加深了与世界各地专业组织及专业人士的彼此了解和信任，增强了中国建设工程造价管理协会作为行业组织与国际相关专业组织的沟通与协作。在今后的工作中，将进一步充分利用国际专业组织这一有力平台，不断提升中国工程造价行业及专业人士的国际地位和影响力。

（6）其他方面

2020年11月，《2020—2022年度泛太平洋工料测量师协会（PAQS）企业宣传手册》发布，中国有37家甲级造价咨询企业入册。

2020年12月，《我国西南周边“一带一路”沿线区域国际合作建设项目工程造价管控思路与方法研究》课题顺利通过审查。该课题由云南省建设工程造价协会及全国30多家造价咨询企业、总承包企业、项目管理企业、投资建设企业及IT企业历时近两年时间共同完成。该课题以我国西南周边“一带一路”沿线区域国际合作建设项目所面临的区域基本情况、工程造价管控工作现状、实践经验得失为聚焦点，调研整理了该区域内柬埔寨、老挝和缅甸三个国家的经济社会概况、建设领域政策法规和技术标准现状、工程造价管控做法等。课题对三国国际合作项目造价管控中参照的英、美计价模式和我国在该区域援外项目承包中的计价方式进行了总结与梳理。同时，课题从加强行业协调引导、注重实例经验总结、做细信息基础工作、搭建交流共享平台、加快专项人才培养等方面提出了合理化建议，助力造价行业健康可持续发展，对我国工程造价咨询行业及相关建设参与方“走出去”具有积极的指导意义。

## 5.6 粤港澳大湾区建设

粤港澳大湾区包括香港特别行政区、澳门特别行政区和珠三角九市，是我国开放程度最高、经济活力最强的区域之一，在国家发展大局中具有重要战略地位。2017年党的十九大报告中明确指出了中央将支持香港和澳门融入国家发展大局，以粤港澳大湾区建设、粤港澳合作、泛珠三角区域合作等为重点，全面推进内地同香港、澳门互利合作。粤港澳大湾区的规划和建设正式纳入国家战略。

2018年10月习近平总书记在考察广东时强调，要把粤港澳大湾区建设作为广东改革开放的大机遇、大文章，抓紧抓实办好。2019年2月中共中央、国务院印发了《粤港澳大湾区发展规划纲要》，作为指导大湾区建设的纲领性文件，明确提出2022年粤港澳大湾区将初步建设成为国际一流湾区。

随着《中共广东省委　广东省人民政府关于贯彻落实〈粤港澳大湾区发展规划纲要〉的实施意见》《广东省贯彻落实粤港澳大湾区发展规划纲要的实施意见三年行动计划（2018—2020）》《中共中央　国务院关于支持深圳建设中国特色社会主义先行示范区的意见》等重大文件的发布和实施，大湾区建设在中央政府粤港澳大湾区建设领导小组的指导下稳步推进。

2020年12月广东省国民经济和社会发展第十四个五年规划中提出：准确把握、全面贯彻中央战略意图，举全省之力推进粤港澳大湾区建设和支持深圳建设先行示范区，深化粤港澳高水平互利合作，把“双区”打造成为现代化建设的主引擎。

广东省“十四五”规划中还提出以高水平软硬联通加快粤港澳大湾区世界级城市群建设，大力实施“湾区通”工程，提升市场一体化水平。优先在食品药品安全、环保、通信、交通、通关、工程建设等粤港澳三地共识度高的领域实现突破。探索更多“一事三地”“一策三地”“一规三地”改革创新举措，推进与港澳在市场准入、标准认定、产权保护等方面接轨，促进人员、货物等各类要素高效便捷流动。实施基础设施互联互通专项规划，高水平打造“轨道上的大湾区”，协同港澳增强世界级机场群和港口群国际影响力，提升现代航运服务水平。携手港澳构建结构科学、集约高效的大湾区发展格局，完善城市群和城镇发展体系，更好地融入全球市场体系，增强全球资源配置能力。

粤港澳大湾区经济发展水平全国领先，产业体系完备，集群优势明显，经济互补性强，创新要素集聚。香港、澳门服务业高度发达，珠三角九市已初步形成以战略性新兴产业为先导、先进制造业和现代服务业为主体的产业结构，2019年大湾区经济总量达到11.62万亿元。过去的发展经验表明，它是撬动广东开放和改革的一个杠杆，也是加快经济发展的助推器。在建设工程快速发展的今天，它可以成为推进建设工程造价管理发展的一个支点，成为促进建设工程造价管理方式转变的契机。

### 5.6.1 加强粤港澳合作

根据2005年5月24日签署的《内地造价工程师与香港工料测量师互认协议》的有关要求，2005年12月开展了首批互认工作，共173名香港工料测量师取得内地造价工程师资格，197名内地造价工程师取得香港工料测量师学会会员资格，其中广东人士占了近10%的份额。2009年6月签署《互认补充协议》，完成了第二批内地造价工程师与香港工料测量师互认工作，香港工料测量师学会会员取得内地造价工程师互认合格166名、内地造价工程师取得香港工料测量师学会会员资格172人。2017年完成了第三批互认，60名香港工料测量师学会会员取得内地造价工程师资格，内地128名造价工程师取得香港工料测量师学会会员资格，其中广东人士占10%。据统计，广东省目前在建筑领域对港澳实现资格互认的超过1200人，在省内注册的专业人士有151人（截至2017年底），比例约为12%。取得造价工程师资格、在内地执业且聘用企业所在地为广东的有76人。

香港测量师学会中，工料测量组会员数量最为庞大，有专业会员3026人（截至2020年5月），资深会员210人，副会员39人，见习测量师1512人以及学生会员227人。

2017年9月，由广东省工程造价协会、广州市工程造价行业协会、深圳市造价工程师协会、珠海市工程造价协会、东莞市工程造价行业协会和佛山市工程造价与招标投标协会主办的，以“开放合作，创新发展”为主题的首届粤港澳大湾区大型基建项目管理创新高峰论坛在佛山举行，本届峰会聚焦于大型基建项目管理创新和粤港澳大湾区发展机遇，并针对以工程造价为核心的全过程工程咨询、大型基础设施的BIM应用、工程造价专业服务的差异、数字建筑等方面进行深入探讨交流，共商粤港澳大湾区建设管理创新。本次峰会与会人数400人，是珠三角地区工程造价咨询行业有史以来规模最大的一次峰会。此次会议成立了粤港澳大湾区全过程工程咨询合作联盟和粤港澳大湾区全过程工程咨询专家组。

2019年6月，在广东省住房和城乡建设厅、深圳市住房和建设局的指导下，由粤港澳大湾区各地共14家工程管理机构联合主办的主题为“务实创新、合作共赢”的第二届粤港澳大湾区大型基建项目管理创新高峰论坛在深圳举行。此次论坛邀请粤港澳大湾区“9＋2”城市有关大型项目基建管理、建筑、法律、税务、经济各行业20多名专家进行相关主题演讲，围绕“粤港澳大湾区建设”的战略课题，探讨工程管理行业适应形势、迎接挑战、承担使命、寻求突破的新型发展思路。三场分论坛分别围绕技术创新、管理模式创新、计价模式创新的主题，进行了集中广泛讨论。

2017年9月，广东省住房和城乡建设厅组织省内30多家企业参加在香港举办的第二届“一带一路”高峰论坛，对接“一带一路”沿线国家的运输与物流基建（地铁、铁路、高速公路、机场、隧道等）、城市规划、物业发展（房屋建筑）、新市镇发展（大型房地产）等200多个建设项目，推动粤港业界参与“一带一路”建设。2017年12月，广东省住房和城乡建设厅联合香港中联办组织广东省建筑、勘察设计、监理、造价等8家协会与香港建筑师学会、工程师学会、测量师学会等7家机构在香港举办“粤港建造业合作研讨会——2017分享经验携手走出去”交流活动，推动粤港建造业界深度合作。

### 5.6.2 粤港澳大湾区造价行业的发展机遇

由于粤、港、澳三地特殊的地理优势和巨大潜力的经贸互补性，2015年国务院颁布的“一带一路”相关文件中，首次提出了“要发挥深圳前海、珠海横琴以及福建平潭的合作经济示范区的作用，深入加强与港澳台地区的合作，建设粤港澳大湾区”。

粤港澳大湾区的设立，深化了与“一带一路”沿线国家基础设施互联互通，强化城市内外交通建设，便捷城际交通，共同推进了港珠澳大桥、广深港高铁、粤澳新通道等区域重点项目建设，打造便捷区域内交通圈，携手打造“一带一路”建设的重要支撑区。支持粤港澳共同开展国际建设工程合作，进一步完善对外开放平台，更好地发挥纽带作用，推动内地与港澳地区在建设工程领域的合作，促进湾区经济建设和基础建设的发展，也为我国建设工程造价管理体系学习借鉴国外造价管理经验创造更加有利的条件。

2003年起，内地与香港、澳门多次以补充协议的方式不断填充和完善CEPA框架，2014年12月在CEPA框架协议下签订《关于内地在广东与香港基本实现服务贸易自由化的协议》（简称《广东协议》），令广东与香港率先基本实现服务贸易自由化。在《广东协议》的基础上，2015年11月中央政府分别与香港特区政府、澳门特区政府签署《内地与香港CEPA服务贸易协议》《内地与澳门CEPA服务贸易协议》（简称《新协议》），于2016年6月1日正式实施。《新协议》涵盖和归纳细化之前所有补充协议及《广东协议》有关服务贸易开放的所有承诺，新增一系列开放措施，成为CEPA框架下一份独立的有关服务贸易的子协议。《新协议》中，在建筑服务、建筑设计、工程服务、集中工程服务、工程造价服务、城市规划和风景园林设计服务等10多个服务部门对部分内地省区采取较其他省区更加开放的先行先试政策，涉及开放措施19项（香港13项，澳门6项），靠近粤港澳大湾区经济带承载着加快推进对港对澳的经贸合作责任。

2017年3月，位于广东自贸区南沙片区占地20万平方米的粤港深度合作区正式开发建设。2018年11月《国务院关于支持自由贸易试验区深化改革创新若干措施的通知》指出，以自贸区为试点，对港澳企业和个人参与内地建设项目做更进一步的放开。在此背景下，粤港澳合作工程建设项目应运而生，原来横亘在三地之间的许多障碍被一一打破，粤港澳合作建设项目呈现多元化、多渠道的发展模式。2020年一季度，广州南沙粤港澳全面合作示范区、广东自贸试验区南沙片区有59个重点项目集中签约动工，其中推进粤港澳大湾区建设的项目占比高达94.9%（共56个）。3月动工29个项目，签约31个项目，总投资1618.63亿元。如此大规模的投资建设，以及更加良好宽泛的政策环境，为工程造价行业的快速发展提供了绝好的机会。

造价行业的发展离不开人才。在国家“一带一路”倡议和《粤港澳大湾区发展规划纲要》中，中央对粤港澳大湾区赋予了五个全新的战略定位：一是充满活力的世界级城市群，二是具有全球影响力的国际科技创新中心，三是“一带一路”建设的重要支撑，四是内地与港澳深度合作示范区，五是宜居宜业宜游的优质生活圈。各地在贯彻落实《粤港澳大湾区发展规划纲要》中，出台吸引人才措施，比如广州市南沙区人力资源和社会保障局出台了《广州市南沙区关于加快推进港澳专业人才资格认可实施方案》，作为南沙区在执业资格互认领域出台的纲领性文件，对推动相关领域专业人才资格认可起着积极的促进作用，为逐步实现粤港澳大湾区人才共享的目标、充分发挥湾区创新人才结构互补的优势进行有益的探索和尝试。

粤港澳大湾区区位优势明显，交通条件便利，合作基础良好，国际化水平领先。粤港澳大湾区建设既是港澳培育新优势、发挥新作用、实现新发展、做出新贡献的重大机遇，也是广东继续当好新时代改革开放排头兵的大机遇，有利于进一步深化改革、扩大开放，建立与国际接轨的开放型经济新体制，建设高水平参与国际经济合作新平台。改革开放以来，我国建设工程快速发展，铁路、公路、航空、码头等基础建设取得了重大突破，深圳市更是凭借改革开放的东风发展成为国际化的大都市，但随之而来的建设工程造价管理却并未跟上基础建设的步伐，有一定的滞后性。粤港澳大湾区的建设为广东省建设工程造价管理带来了全新的机会，是学习国外优秀建设工程造价管理模式的窗口和平台，为广东省优化建设工程管理模式提供了机遇。

### 5.6.3 粤港澳大湾区造价行业面临的挑战

粤港澳大湾区共有 2 个特别行政区、9 个城市，构成了“一个国家、两种制度、三个关税区”的区域格局。广东随着经济发展的演变进行了产业的升级和转型。2015 年国务院批准横琴、前海和南沙 3 个新型自贸区的规划，大力发展金融、现代物流以及专业服务等高增值项目。随着广东的生产总值超过香港，粤港澳之间的合作平衡关系会被打破，从而导致粤港澳三地之间的合作关系出现一些微妙变化。三地因为制度和文化差异，多年来的专业化并没有得到经济层面的协同发展，令三地的专业服务还未能取得实质性突破。港澳地区有着相对独立的司法体系制度，与广东地区深入发展合作时必然触及制度上的摩擦。粤港澳大湾区深入合作中面对的瓶颈之一就是不同地方制度上的不协调，这也会影响甚至减缓粤港澳大湾区一流建设的进度。造价咨询行业对客户进行服务时也深受影响，这也是需要直面的挑战之一。

《粤港澳大湾区发展规划纲要》中明确，要进一步提升市场一体化水平，促进生产要素流动，打造具有全球竞争力的营商环境。一方面，说明要为粤港澳大湾区发展提供现代化、国际化的营商环境，更加促进内外的交流与合作开展，这是湾区必须要加以解决的关键问题。另一方面，工程造价改革的市场化、法治化、国际化、信息化目标，应该在湾区范围得以体现，激活行业发展动力，使造价行业迈向更高层次，成为我国造价行业发展的领头雁。这方面自然成为粤港澳大湾区造价行业面临的挑战。

### 5.6.4 粤港澳大湾区造价咨询对标国际

粤港澳大湾区基础设施、产业体系上的融合会进一步加速城市空间结构、形态的融合发展，这也对未来粤港澳大湾区城镇空间形态功能品质起到了促进作用。工程造价咨询行业服务于基础设施建设，未来粤港澳大湾区通过网络化发展，强化要素聚集与扩散以及组合发展，也将会破解粤港澳大湾区城市化发展不平衡的问题，由此释放出更多新的空间与机会。特别是逐步弱化的行政区划会给区域整体协调发展带来更多的促进作用，尤其是加速粤港澳大湾区各类资源跨区域流动，进一步带动区域与城乡发展同步同时同效，引导全域功能形态品质转型升级。未来这些中心区基于功能导向着重引入现代服务产业元素，如现代商贸业、金融服务业、信息产业、房地产业、咨询和人才培训服务业是主城区功能再造的现实选择。特别是更多的高品质商业中心区规划与建设将会极大地促进整个大湾区的土地开发与城镇建设，创造消费、引导消费，提升地区居住的品质，吸纳更多的人口。工程造价咨询行业在此发展过程当中需要承担更多的责任。

随着“一带一路”倡议的提出，“一带一路”沿线国家日益成为我国直接投资和出口贸易的重要的目的地。中国作为“一带一路”的主要投资来源地，合作内容不断丰富，涉及基础设施建设、加工制造、能源资源、物流运输等领域，并且不断尝试以园区建设带动中国服务标准、技术联合走出去。与此相对，中国企业在“一带一路”沿线国家或地区新签对外承包工程项目合同额快速上升。

“一带一路”倡议旨在整合全球资源，弥补产业链缺口，通过引导中国优势企业走进沿线国家，输送适宜广大发展中国家工业化、城镇化发展的技术、经验和基础设施，实现中国与沿线国家优势互补，逐步帮助沿线各国培育起自身发展新的增长点。粤港澳大湾区工程造价咨询企业在为“一带一路”服务的过程中，香港企业具有很强的国际化背景，在服务“一带一路”沿线国家或地区的项目中展示了较强的实力。而粤港澳大湾区中的广东企业，除少数大的咨询公司参与了国际项目外，大多数企业并没有服务国际项目的经验。2016 年 9 月中国建设工程造价管理协会对外专业委员会评选出 25 家海外工程专家顾问单位，没有一家广东企业入选。

香港一直执行英联邦国家的造价管理体系——工料测量师制度，至今已有 400 多年的历史，应用范围包括英国、澳大利亚、新加坡、马来西亚等。《FIDIC 土木工程施工合同条件》的最初版本就是以英国土木工程师学会（Institution of Civil Engineers）编制的 ICE《土木工程施工合同条款》为基础的。香港特区政府的合同文本，经过百余年的补充和修订，其条文是很完善的，适用于所有政府机构的建筑工程；香港私营业主有比较大的自由度。

粤港澳大湾区不少房地产项目都采用所谓“港式清单计价”，对于内地造价改革的市场化具有借鉴和推动作用，同时对接了国际化，有利于造价咨询的“走出去”，服务于“一带一路”。

2017 年深圳前海自贸区项目试点实施香港工程管理模式，允许港商独资或控股的开发建设项目自主采用香港工程建设模式进行管理，香港注册专业人士在前海嘉里和梦工厂等试点项目上直接执业，实现粤港项目合作落地，合同额6.26亿元。前海自贸区以深基坑项目作为试点，参照香港实施“认可人士”制度，由认可人士担任深基坑项目审查专家组组长进行审查，在8个项目上进行试点。2017年8月，珠海横琴自贸区管理委员会与香港发展局签订合作协议，启动试行香港工程管理模式。

自2016年启动内地专业人员到港企挂职培训以来，广东省工程造价界与香港工料测量界密切互动交流，在专业人员挂职培训、两地企业合作模式、技术数据分析、全过程造价管理规程共建等方面建立了良好的机制，促进了粤港工程造价一线人员的沟通交流。通过进入港企体验和实践，对于内地了解香港企业和香港工程造价咨询市场、借鉴国际企业工程造价咨询的先进做法具有显著成效。

## 5.7 新基建

旧基建是指传统的基础建设，具体包括铁路、公路、桥梁、水利工程等大建筑。旧基建主要在于托底经济，保障就业，而新基建则是立足于科技端的基础设施建设，它既是基建，同时又是新兴产业。与旧基建重资产的特点相比，新基建更多是轻资产、高科技含量、高附加值的发展模式，其涉及的领域大多是中国经济未来发展的短板。新基建本质上是信息数字化的基础设施，根据各类媒体报道，目前新基建主要包括七大领域：5G基建、特高压、城际高速铁路和城市轨道交通、新能源汽车充电桩、大数据中心、人工智能、工业互联网。

2020年12月，广东省国民经济和社会发展第十四个五年规划提出打好关键核心技术攻坚战，积极探索关键核心技术攻关新型举国体制的“广东路径”，着力突破一批关键共性技术、前沿引领技术、现代工程技术、颠覆性技术。围绕战略性支柱产业、新兴产业和未来产业发展，优化实施重点领域科技专项，加快在集成电路、新材料、工业软件、高端设备等领域补齐短板，着力在第五代移动通信（5G）、超高清显示等领域锻造长板，在人工智能、区块链、量子科技、空天科技、生命健康、生物育种等前沿领域加强研发布局，抢占战略制高点。

### 5.7.1 人工智能

（1）人工智能概述

人工智能（Artificial Intelligence，缩写为AI）是研究、开发用于模拟、延伸和扩展人的智能的理论、方法、技术及应用系统的一门新的技术科学。由于人工智能也被称作将传统信息技术所具有的潜能加以拓展的认知技术，因而人工智能可以帮助用户提供信息传递在质量、成本和速度等方面的一系列服务。目前来说，人工智能在医学、制造业、财务等行业的应用比较多，并相继推出了机器人在相关行业的实践。

人工智能是在计算机科学计算的基础上，依靠计算程序的编制和设计，实现代替人力劳动、完成相关应用的过程。人工智能一般具有感知能力、记忆能力、适应能力以及反应能力等特点。

2020年上半年，受疫情影响，拉动中国经济的两驾马车——消费和出口双双下降，而能够冲击经济下行这一趋势的主要是基建。随着2019年5G的大规模商用化，新基建也迎来了它的发展阶段，在2020年检查防疫中，新基建人工智能项目发挥了很大的作用：无人机消毒、防疫排查、无人机配送、清洁测温……每一项智能化设备都在这次抗疫过程中发挥了不可替代的作用。另外，从专项债上来看，wind数据显示，2020年1～2月，用途为广义新基建的专项资金共计2319亿元，在当期发行的总专项债中占比达24.4%。由此可以看出，新基建的不断完善发展不仅促进了我国经济的发展，带来生活的智能化和便利化，同时还会带动一个时代的发展与智能化。在具体的工程建设领域，人工智能的发展在一定程度上可以代替传统的人工作业，提高建设工程的智能化水平，从而加快建设进度，减少人工成本，优化造价管理。

（2）人工智能与工程造价

将信息技术与工程造价计算进行相融合的交叉性研究，属于将人工智能技术引入工程造价领域的一种开创性探索研究。人工智能所具有的深度学习、精准可靠、高能低耗、快速反应等特点，将大幅提高工程量计算和计价的运算效率，把造价从业人员从繁琐的基础工作中解放出来，提高造价计算的准确性和高效性。人工智能在工程造价领域的发展现状及趋势有以下几方面：

① 人工智能用于清单列项和算量工作

此前由联合建管（北京）国际工程科技有限公司开发的5D云机器人造价师助理面世。5D云机器人运用了BIM＋云＋AI技术，通过BIM技术和AI技术，快速实现了清单列项和工程量计算工作的计算机化，可在1小时内完成以前需要数天才能完成的清单列项工作，并同步瞬时完成以前需要数天才能完成的工程量计算工作，从而大大缩短了以前需要数周才能完成的工程量清单编制工作时间。造价工程师可以根据云机器人提供的数据进行分析，从而更加专注在支付合同管理、工程成本预测等工作上。未来在二者的协同工作下，将更加高效率地完成工程造价工作。

② 人工神经网络用于工程造价估算模型

人工神经网络是一种运算模型，由大量的节点（或称输入层/输出层）之间相互连接构成。利用人工神经网络建立的建筑工程造价快速估算模型主要有：BP模型、

RBF 模型和模糊神经网络模型。基于 BP 模型可以快速对工程造价进行估算，而径向基函数神经网络作为分析方法的一个突破，使推断预测、决策问题变得十分明了。径向基函数由格林函数构成隐层，然后在输入层和输出层设置后，计算出运行结果，从而完成输入空间到输出空间的映射。

③ 数据信息和相关算法的融合

随着社会发展，各种各样的信息和数据都在数字化，大数据时代已经来临，目前有部分行业和企业已逐步建立自己的数据库，大数据驱动人工智能不断发展，建立驱动数据和知识引导的智能计算平台和方法，能够更加智能化地计算相关数据。数据信息和人工智能相关算法的融合也将成为未来工程造价行业发展的趋势，通过大数据的融入，可以更快捷、准确地判断造价过程中各种影响因素的权重，然后通过计算机消除与避免，提高工程造价的运行效率和准确性。

### 5.7.2 5G 建设

基建投资历来是稳定经济增长和保障就业的重要方式。2020 年各省、自治区、直辖市公布的重点建设项目中，基础设施建设仍是重点。而基建项目中，5G 网络建设等“新基建”项目的占比又有明显提升，因而新基建一时间成为 2020 年的热门关键词，在资本市场受到资金热捧。从未来承接的产业规模来看，5G 将是新技术中最值得期待的方向，我国重点发展的各大新兴产业，如工业互联网、车联网、企业上云、人工智能、远程医疗等，均需要以 5G 作为产业支撑。在全球加快布局 5G 的大环境下，国内 5G 建设落地速度有望比计划提前。在此背景下，如何将 5G 技术运用于建设工程造价管理，提高建设效率，为经济发展提供新的动力，是未来工作的新方向。

### 5.7.3 大数据

近 10 年来，工程造价行业积累了海量数据，工程造价行业的大数据时代即将到来，迫切需要建设工程造价数据库，将各行业、各渠道关于工程造价的信息化资源整合起来，对工程造价信息化建设进行改造，建立以科学分类和代码系统为基础的数据库结构，对真实的历史数据进行录入、整理、分析，形成各种单位指标或比较基准等，充分挖掘工程造价信息数据的价值。

2020 年 7 月《住房城乡建设部办公厅关于印发工程造价改革工作方案的通知》（建办标〔2020〕38 号）也提出完善工程计价依据发布机制：搭建市场价格信息发布平台，统一信息发布标准和规则，鼓励企事业单位通过信息平台发布各自的人工、材料、机械台班市场价格信息，供市场主体选择；加强工程造价数据积累：加快建立国有资金投资的工程造价数据库，按地区、工程类型、建筑结构等分类发布人工、材料、项目等造价指标指数，利用大数据、人工智能等信息化技术为概预算编制提供依据。加快推进工程总承包和全过程工程咨询，综合运用造价指标指数和市场价格信息，控制设计限额、建造标准、合同价格，确保工程投资效益得到有效发挥。此次工程造价改革五大主要任务中有两个与信息、数据库有关，充分体现了信息化、大数据的重要性。

## 5.8 建筑工业化

随着我国经济发展由注重速度到质量的转变，从政府到个人对生态环境的态度也发生了根本变化，更加重视可持续发展，政府加大了环境保护法律法规的立法和执行力度，对传统建筑行业粗放型发展模式具有较大的约束作用。在我国社会发展战略转型的大背景下，政府多个管理部门发布了相关的政策，大力推动建筑工业化进程。2016 年国务院正式提出了装配式建筑的发展目标，有望实现传统劳动密集型手工操作生产方式向工业化集成建造转变。2020 年住房城乡建设部下发通知：为了落实创新驱动发展战略，引导住房和城乡建设科技创新发展方向，进一步提升建筑行业创新水平，将装配式建筑列为科学技术计划项目重点支持方向。

随着近年建筑工业化快速发展，预制装配式或者混合装配式建筑结构对传统的造价计价方式提出了挑战：缺少完整的适用于装配式建筑的计价依据，也缺乏相应的详细技术规范。预制装配式构建采取流水线式生产方式，与传统建造方式在施工工艺上存在显著区别，相应的消耗定额也不同。目前国内普遍采用套取清单或定额的工程计价方法，这种方法适用于传统的现浇混凝土结构建筑，用于装配式结构的计量计价存在一定的局限性。装配式建筑作为新型的建造方式，构件之间的连接方式多种多样，涉及的定额子目也多种多样，但当前的定额子目还不够详细。《房屋建筑和装饰工程消耗量定额》和《装配式建筑工程消耗量定额》中相应的定额子目名称的对应关系也较差，《房屋建筑和装饰工程消耗量定额》有预制混凝土构件安装目录，与《装配式建筑工程消耗量定额》中装配式构件安装目录存在交集，界限划分不明确，使用过程中容易混淆。现在国内多地报价并不是人材机的总数，构件作为一种产品，已将材料、机械和措施等费用集为一体，装配建筑中构件价格计入材料费中，而造价中的人工费大多已记录到产品中，这让管理费和利润等费用不再适合现浇构件的计费规则。同时，我国的装配建筑在标准设计上相对落后，构件内部的不准确和多样化必然会导致构件信息的不完整或差异性。装配建筑的市场信息少，定额单一，造成报价不准确。因为装配施工与现浇混凝土施工在工艺上有差异，所以装配建筑在分部分项的列项中有着独特的标准要求，又由于消耗定额的工程量不同，计算过于简单，使得清单无法完全计价，这就使得清单项目严重滞后，从而制约着装配建筑的市场发展。

与传统的现浇结构相比，预制装配式结构的计量计价要求相关的造价人员在施工技术和施工流程上有更多的了解，以便工程造价和施工方案更加紧密结合。预制装配式结构由现场生产梁、柱、板等混凝土结构变成购买工厂生产的成品构件，原来的套取清单对现浇构件计价的做法已经不再适合于装配式建筑，所以将其集成为单一构件的商品价格。由于构件已在工厂经过标准化制作，所以在施工现场的工、料、机消耗量也会降低，现场的人工体力劳动转变为机械化操作，对构件进行装配和安装，随着装配式建筑装配率的提高，其计价模式和规则也需要进行相应改变。同时，尽管我国已经开发了许多成本预算软件并投入实际应用，但多数情况下仍然需要预算人员凭借自己掌握的专业知识，根据相应的规范进行成本预算，这个过程中不仅存在较大的工作量，而且容易出现错漏现象，而且这些软件针对不同地区不同规范的支持也不够灵活，没有形成对建筑产品和成本的共同的表达语言。因此，目前构建一套适应装配式建筑特点的完整的计价体系，同时将该体系通过计算机辅助技术加以实现，对推进建筑工业化及其造价工作具有重要意义。

## 5.9 其他方面

### 5.9.1 职业道德

（1）中国建设工程造价管理协会下发有关造价工程师职业道德行为准则的要求（中价协〔2002〕第015号）

为了规范造价工程师的职业道德，提高行业声誉，造价工程师在执业中应信守以下职业道德行为准则：

① 遵守国家法律、法规和政策，执行行业自律性规定，珍惜职业声誉，自觉维护国家和社会公共利益；

② 遵守“诚信、公正、敬业、进取”的原则，以高质量的服务和优秀的业绩，赢得社会和客户对造价工程师职业的尊重；

③ 勤奋工作，独立、客观、公正、正确地出具工程造价成果文件，使客户满意；

④ 诚实守信，尽职尽责，不得有欺诈、伪造、作假等行为；

⑤ 尊重同行，公平竞争，搞好同行之间的关系，不得采取不正当的手段损害、侵犯同行的权益；

⑥ 廉洁自律，不得索取、收受委托合同约定以外的礼金和其他财物，不得利用职务之便谋取不正当的利益；

⑦ 造价工程师与委托方有利害关系的，委托方有权要求其回避；

⑧ 知悉客户的技术和商务秘密，负有保密义务；

⑨ 接受国家和行业自律性组织对其职业道德行为的监督检查。

(2)《注册造价工程师管理办法》中对注册造价工程师的行为规范要求

注册造价工程师应当履行下列义务：

① 遵守法律、法规、有关管理规定，恪守职业道德；

② 保证执业活动成果的质量；

③ 接受继续教育，提高执业水平；

④ 执行工程造价计价标准和计价方法；

⑤ 与当事人有利害关系的，应当主动回避；

⑥ 保守在执业中知悉的国家秘密和他人的商业、技术秘密。

注册造价工程师不得有下列行为：

① 不履行注册造价工程师义务；

② 在执业过程中，索贿、受贿或者谋取合同约定费用外的其他利益；

③ 在执业过程中实施商业贿赂；

④ 签署有虚假记载、误导性陈述的工程造价成果文件；

⑤ 以个人名义承接工程造价业务；

⑥ 允许他人以自己名义从事工程造价业务；

⑦ 同时在两个或者两个以上单位执业；

⑧ 涂改、倒卖、出租、出借或者以其他形式非法转让注册证书或者执业印章；

⑨ 超出执业范围、注册专业范围执业；

⑩ 法律、法规、规章禁止的其他行为。

注册造价工程师信用档案应当包括造价工程师的基本情况、业绩、良好行为、不良行为等内容。违法违规行为、被投诉举报处理、行政处罚等情况应当作为造价工程师的不良行为记入其信用档案，且注册造价工程师信用档案信息按有关规定向社会公示。

### 5.9.2 定期培训

(1) 高端人才培训

注册造价工程师应当适应岗位需要和职业发展的要求，按照国家专业技术人员继续教育的有关规定接受继续教育，积极参加主管部门行业协会所组织的相关人才培养活动，更新专业知识，提高专业水平。

在住房城乡建设部标准定额司、标准定额研究所和中国建设工程造价管理协会的指导与支持下，2020 年 10 月广东省建设工程标准定额站筹备举办了“工程造价改革百堂课”，截至 12 月底已开设八次课。“工程造价改革百堂课”既是行业顺势而为、应势而变的时代选择，更是应对改革谋势取势、厚植优势的行动宣言，凝聚行业改革认识，积极推动改革举措全面落地。

（2）标准规范宣贯

标准规范的宣贯是工程造价行业非常重要的一项培训活动，广东省建设工程标准定额站、广东省工程造价协会全面落实国家标准化战略，积极参与国家标准、行业标准和团体标准的立项和制定，并积极推动标准规范的宣传贯彻工作，为工程造价行业尽快形成以标准化驱动创新和质量效率提升提供有益指导。

①《建设工程造价鉴定规范》GB/T 51262—2017 已于 2018 年 3 月 1 日起实施。经中国建设工程造价管理协会研究决定，于 2018 年 5 月 17 日在广州市组织召开了该规范的宣贯会议。

② 工程造价管理在国民经济、社会发展当中具有重要的地位和作用，是建筑市场管理的重要组成部分，对于规范建筑市场秩序、提高投资效益有着重要的现实意义。工程造价管理的核心是工程计价管理，而工程计价管理的基础就是计价依据。为贯彻落实《国务院办公厅关于促进建筑业持续健康发展的意见》（国办发〔2017〕19 号）文件精神，根据《建设工程工程量清单计价规范》GB 50500—2013、《建设工程定额管理办法》（建标〔2015〕230 号）、《广东省建设工程造价管理规定》（粤府令第 205 号）等有关规定和要求，广东省建设工程标准定额站组织编制了《广东省建设工程计价依据（2018）》，并于 2019 年 3 月 1 日起施行。为切实贯彻执行新版计价依据，2019 年 3 月 6 日在广州举行了《广东省建设工程计价依据（2018）》首场宣贯会。

（3）高等院校人才培训与技能竞赛

2018 年 11 月广东省各相关高校积极参加了第四届“全国高等院校工程造价技能及创新比赛”，取得《工程计量软件应用》《BIM 模型创建》《基于 BIM 的工程计价及管理》《工程造价管理创新思维》4 项共计 5 个一等奖、4 个团体二等奖、1 个团体三等奖的优异成绩。

2018 年 12 月首届粤港澳大湾区高校学生 BIM-CIM 创新大赛在深圳大学举办。本次创新大赛是在中央政府驻港联络办教育科技部、广东省住房和城乡建设厅、深圳市住房和建设局、深圳市规划和国土资源委员会、深圳市建筑工务署、深圳市人民政府港澳事务办公室的悉心指导下、在广东省工程造价协会等 18 家相关行业协会及相关企业单位的大力支持下，由深圳斯维尔城市信息研究院（深圳清华大学研究院斯维尔城市信息研究中心）联合深圳大学、深圳市斯维尔科技股份有限公司成功主办的，旨在加强大湾区粤、港、澳高校间交流，推进高校 BIM-CIM 应用教育研讨，助力高校学生 BIM-CIM 技术应用实践能力和创新能力提高和人才培养。

各类工程造价技能及创新比赛的举办有利于引导学校积极开展应用型人才的

培养，促进工程造价实践教学，加强校企合作与交流。

### 5.9.3 行业人才培养的探索

当前工程造价行业存在从业人员综合素质普遍不高、学历偏低、上岗持证率低、人员诚信体系建设不完善等问题。本科院校工程造价人才培养存在培养模式定位不准、目标不明确、课程体系的设置有待完善、高水平应用型教学师资不足、专业评估体系不健全等问题。站在工程造价巨大变革的浪潮下，结合行业人才培养所存在的问题，对工程造价人才的培养可从以下方面进行优化：

（1）从业人员方面

强化从业人员学历教育，大力加强高端人才培养，不断完善行业人才选拔和准入制度，充分利用各种资源分层次、多主体、有针对性地开展从业人员继续教育培训，积极创新从业人员继续教育形式。从业人员要在做好做专造价工作的同时与时俱进，学习行业改革动态，掌握现代化的信息和技术手段，夯实内功，着力提升综合素质。

（2）高校培养方面

高校是孕育和培养人才的摇篮，是向社会输出人才的重要基地，应致力于培养和打造高素质、全能型、复合型的人才。在优化工程造价人才培养目标、建立多元化的工程造价课程体系、加大引入应用型教学师资力度、建立校外实习基地、创新校企合作的基础上，从传统工程造价专业培养模式向对应于“新工程咨询”模式的人才培养过渡和改进，增加项目策划决策、勘察设计、监理等方面课程，打破专业壁垒，培养面向全资质工程咨询、全过程工程咨询的复合型高素质人才。

（3）企业用人方面

市场的竞争归根结底是人才的竞争，人才是根本的生产力，企业应按照科学的人才观，坚持以人为本，优化人才结构，拓宽培育渠道，努力建设一支适应企业发展的德才兼备的专业技术、经营管理和行政管理复合型人才队伍。按照“重用高级人才、留住中级人才、培养后备人才、减少人才流动”的原则稳定人才队伍。

① 主动与开设工程造价、工程管理专业的高校联系。通过提前到企业实践实习、校内宣讲招聘等方式，选拔优秀学生，充实人才队伍。

② 扩大对外交流，派出去、请进来，培育专业人才。根据企业需要对短缺的专业人才如项目前期的可行性研究、勘察设计、矿建井巷工程等方向采用送出去或请专家进来的方式进行短期培养。

③ 建立企业内部人才在岗培养机制。选择企业内部德才兼备的人员，在固定的时间点，通过集中授课、个别指导的办法进行培养，或者由老员工以“一对

一传帮带”的方式培养新员工。

（4）行业协会方面

致力于推动工程造价行业人才队伍能力提升，充分发挥行业协会在职业教育和人才培养中的重要作用，研究人才培养与发展战略，制定人才培养规划及指导性文件，构建科学合理的人才培养体系。

① 通过开展工程造价高端人才培训活动，致力于打造一批具备广阔视野及战略思维的德才兼备、高素质、复合型人才，全面提升工程造价专业人才队伍整体素质。

② 通过统筹培训资源开展多维度、多层次、多元化、多渠道人才培养工作，培育行业优秀人才。

③ 引导高校加强学科建设，推进高等院校工程造价专业认证，促进学历教育与实践相结合。

④ 做好人才培养整体规划，进一步加强规划设计和统筹实施，推进以学历教育为基础、职业教育为核心、高端人才为引领的人才培养体系建设。

⑤ 强化人才培养工作力度，充分利用各种资源分层次、多主体、有针对性地开展工程造价专业人才培养，着力提升人才综合素质。筹划建立工程造价人才培养师资库，拓展专家资源。

### 5.9.4 精细化管理流程

精细化管理是一种理念、一种文化，是社会分工的精细化以及服务质量的精细化对现代管理的必然要求，是建立在常规管理的基础上，并将常规管理引向深入的基本思想和管理模式，是一种以最大限度地减少管理所占用的资源和降低管理成本为主要目标的管理方式。

工程造价（成本）精细化管理作为一种新的造价管理理念和管理文化，以“精、准、细、严”为基本原则，将过去粗放型的造价管理向集约化管理转变，由传统经验造价管理向科学化管理转变，由过去单一部门和岗位的造价管理向全员造价管理转变，由过去阶段性造价管理向全过程管理转变，由过去重结算的造价管理转变为重前期管理，确保工程造价管理落到细处和实处，全面提高业主的工程投资效益和施工企业的利润目标。对于工程造价精细化管理，其管理途径可概括为流程化、标准化、数据化、专业化、信息化和协同化六个方面。

### 5.9.5 数字造价管理

2020 年广东省国民经济和社会发展第十四个五年规划中提出加快数字化发展。加快推进数字产业化和产业数字化，推动数字经济和实体经济深度融合，建设具有国际竞争力的数字产业集群，打造全球数字经济发展新高地。推动数字化优化升级，建设"数字湾区"、数字政府、数字社会，建设国家数字经济创新发展试验区，提升公共服务、社会治理等数字化、智能化水平。探索数字数据立法，建立数据资源产权、交易流通、跨境传输和安全保护等基础制度和标准规范，支持企业参与数字领域规则和标准制定。加强数字化发展的支撑保障，提升数字技术和数字基础设施水平，提升全民数字技能，实现信息服务全覆盖。

工程造价贯穿工程建设的全过程，是一个以数据为中心的行业，数字技术与工程造价深度融合将会带来智能化市场定价、数字化精细管理、数据化精准服务等一系列新场景，形成数字时代新生产力。

2018年，在第九届中国数字建筑峰会上，"数字造价管理"理念首次被提出，阐释了造价行业数字化转型路径，推动了造价管理技术与业务的融合。2019年，在打造"中国建造"品牌目标引领下，工程造价产业升级加速推动，数字技术在其中发挥了关键作用。2020年，新技术对于建筑业高质量发展的重要推进作用被全行业认可，科技赋能造价业务变革成为必然，工程造价行业因此全面进入"数字造价管理"时代。

2020年7月30日，由中国建设报社、广联达科技股份有限公司主办的"数字造价管理2020"线上发布会成功举办。全国20余家"政企研学"单位联合发布《数字造价管理2020》，共同推出行业数字化理念，共同践行行业数字化技术，秉承术业专攻、协同发展、协同推进的思路，为行业数字化指明了方向。

"数字造价管理"是利用BIM（建筑信息模型）、云计算、大数据、物联网、移动互联网和人工智能等数字技术引领工程造价管理转型升级的行业战略。结合全面造价管理的理论与方法，集成人员、流程、数据、技术和业务系统，实现工程造价管理的全过程、全要素、全参与方的结构化、在线化、智能化，构建项目、企业和行业的平台生态圈，从而促进以新计价、新管理、新服务为代表的理想场景实现，推动造价专业领域转型升级，实现让每一个工程项目综合价值更优的目标。

当前，改革步入深水区，工程造价数字化转型知易行难，如何利用数字技术厘清造价行业数字化转型需求，填补原有业务场景与数字技术应用之间的鸿沟，是迫切需要解决的问题。

工程造价行业数字化转型需求纷繁复杂，数字化技术层出不穷，长期投入其中并深耕市场，才能了解企业的业务痛点，才能为各方提供数字化转型的有益价值。工程造价数字化转型新方略的建设，需要驱动行业管理者、项目服务商和平台服务商形成合力，成为数字化行动派，打造数字造价领域理想新场景，实现新计价、新管理和新服务。《数字造价管理2020》为工程造价行业数字化转型提供了更多可借鉴的模式与路径样本，将为工程造价行业的高质量发展提供实践路径、注入强大动力。

附录1

# 2019年广东省工程造价咨询营业收入百强企业名录

（来源：广东省建设工程标准定额站）

| 序号 | 企业名称 | 工程造价咨询收入（万元） | 从业人员 | 人均产值（万元） |
|---|---|---|---|---|
| 1 | 建成工程咨询股份有限公司 | 21160.86 | 172 | 123.03 |
| 2 | 深圳市建达工程项目管理有限公司 | 20220.11 | 748 | 27.03 |
| 3 | 广州市新誉工程咨询有限公司 | 19434.02 | 556 | 34.95 |
| 4 | 华联世纪工程咨询股份有限公司 | 18246.11 | 1178 | 15.49 |
| 5 | 广州市建鋐建筑技术咨询有限公司 | 13599.00 | 249 | 54.61 |
| 6 | 中国建设银行股份有限公司广东省分行 | 12861.00 | 97 | 132.59 |
| 7 | 深圳市华阳国际工程造价咨询有限公司 | 11421.99 | 687 | 16.63 |
| 8 | 中量工程咨询有限公司 | 11072.00 | 433 | 25.57 |
| 9 | 永道工程咨询有限公司 | 10996.09 | 259 | 42.46 |
| 10 | 广州菲达建筑咨询有限公司 | 10900.69 | 284 | 38.38 |
| 11 | 广东宏正工程咨询有限公司 | 10491.74 | 156 | 67.25 |
| 12 | 深圳市普利工程咨询有限公司 | 9830.19 | 320 | 30.72 |
| 13 | 广东省国际工程咨询有限公司 | 9629.00 | 571 | 16.86 |
| 14 | 国众联建设工程管理顾问有限公司 | 8889.73 | 270 | 32.92 |
| 15 | 深圳市永达信工程造价咨询有限公司 | 7843.00 | 269 | 29.16 |
| 16 | 广东信仕德建设项目管理有限公司 | 7674.13 | 427 | 17.97 |
| 17 | 广东华禹工程咨询有限公司 | 7376.28 | 120 | 61.47 |
| 18 | 广州金良工程咨询有限公司 | 7353.72 | 185 | 39.75 |
| 19 | 深圳市诚信行工程咨询有限公司 | 7117.97 | 150 | 47.45 |
| 20 | 广东至衡工程管理有限公司 | 7059.00 | 152 | 46.44 |
| 21 | 深圳市栋森工程项目管理有限公司 | 6857.20 | 268 | 25.59 |
| 22 | 中国能源建设集团广东省电力设计研究院有限公司 | 6761.42 | 1563 | 4.33 |
| 23 | 广东人信工程咨询有限公司 | 6092.13 | 212 | 28.74 |
| 24 | 广东翔实工程咨询有限公司 | 6062.20 | 146 | 41.52 |
| 25 | 深圳市航建工程造价咨询有限公司 | 5677.00 | 169 | 33.59 |

续表

| 序号 | 企业名称 | 工程造价咨询收入(万元) | 从业人员 | 人均产值(万元) |
|---|---|---|---|---|
| 26 | 深圳市欣广拓工程造价咨询有限公司 | 5605.27 | 120 | 46.71 |
| 27 | 中国建设银行股份有限公司深圳市分行 | 5400.00 | 5647 | 0.96 |
| 28 | 广东曦达工程咨询有限公司 | 5264.35 | 81 | 64.99 |
| 29 | 深圳市广诚工程顾问有限公司 | 5061.02 | 74 | 68.39 |
| 30 | 深圳市天旭建设工程造价咨询有限公司 | 5048.16 | 162 | 31.16 |
| 31 | 广州竣盛工程造价咨询事务所有限公司 | 4843.00 | 63 | 76.87 |
| 32 | 艾奕康造价咨询(深圳)有限公司 | 4829.00 | 121 | 39.91 |
| 33 | 深圳市华夏工程顾问有限公司 | 4708.14 | 165 | 28.53 |
| 34 | 广东建翰工程管理有限公司 | 4522.60 | 87 | 51.98 |
| 35 | 深圳市建锋工程造价咨询有限公司 | 4489.47 | 152 | 29.54 |
| 36 | 深圳市丰浩达工程项目管理有限公司 | 4487.65 | 75 | 59.84 |
| 37 | 深圳市合创建设工程顾问有限公司 | 4419.11 | 1388 | 3.18 |
| 38 | 深圳市建星项目管理顾问有限公司 | 4416.89 | 428 | 10.32 |
| 39 | 珠海德联工程咨询有限公司 | 4413.43 | 227 | 19.44 |
| 40 | 广东建伟工程咨询有限公司 | 4200.14 | 126 | 33.33 |
| 41 | 广东盛建工程事务咨询有限公司 | 4198.85 | 28 | 149.96 |
| 42 | 广东华审工程咨询有限公司 | 4111.00 | 163 | 25.22 |
| 43 | 广东中恒信工程造价咨询有限公司 | 3881.72 | 63 | 61.61 |
| 44 | 广东明正项目管理有限公司 | 3689.51 | 133 | 27.74 |
| 45 | 深圳市海德伦工程咨询有限公司 | 3680.29 | 73 | 50.41 |
| 46 | 深圳市宏华明工程造价咨询事务所 | 3628.09 | 105 | 34.55 |
| 47 | 深圳市国建工程造价咨询有限公司 | 3598.00 | 103 | 34.93 |
| 48 | 广东粤能工程管理有限公司 | 3500.13 | 471 | 7.43 |
| 49 | 广东飞腾工程咨询有限公司 | 3412.67 | 98 | 34.82 |
| 50 | 珠海市公评工程造价咨询有限公司 | 3378.94 | 161 | 20.99 |
| 51 | 广州灏天工程顾问有限公司 | 3224.00 | 67 | 48.12 |
| 52 | 广东建宇工程咨询有限公司 | 3157.81 | 85 | 37.15 |
| 53 | 广州市吉光工程造价咨询有限公司 | 3030.00 | 85 | 35.65 |
| 54 | 深圳市中联建工程项目管理有限公司 | 3020.06 | 110 | 27.46 |

续表

| 序号 | 企业名称 | 工程造价咨询收入(万元) | 从业人员 | 人均产值(万元) |
|---|---|---|---|---|
| 55 | 深圳市锦绣城工程造价咨询有限公司 | 2837.76 | 116 | 24.46 |
| 56 | 清远市华林工程造价咨询服务有限公司 | 2788.39 | 56 | 49.79 |
| 57 | 深圳市国福工程项目管理有限公司 | 2742.93 | 190 | 14.44 |
| 58 | 深圳市龙浩工程咨询有限公司 | 2701.00 | 135 | 20.01 |
| 59 | 广东天粤工程造价咨询有限公司 | 2695.88 | 45 | 59.91 |
| 60 | 广东金厦工程管理造价咨询有限公司 | 2664.80 | 52 | 51.25 |
| 61 | 汕头市粤建工程造价咨询有限公司 | 2591.42 | 30 | 86.38 |
| 62 | 广东明润工程造价咨询有限公司 | 2560.55 | 41 | 62.45 |
| 63 | 广州宇丰工程咨询有限公司 | 2559.33 | 85 | 30.11 |
| 64 | 广州市宏正工程造价咨询有限公司 | 2543.34 | 73 | 34.84 |
| 65 | 深圳市建易达工程造价咨询有限公司 | 2537.90 | 65 | 39.04 |
| 66 | 广东拓腾工程造价咨询有限公司 | 2531.17 | 79 | 32.04 |
| 67 | 公诚管理咨询有限公司 | 2523.11 | 9180 | 0.27 |
| 68 | 广东威朗工程咨询有限公司 | 2501.85 | 97 | 25.79 |
| 69 | 深圳市国晨工程造价咨询有限公司 | 2483.40 | 80 | 31.04 |
| 70 | 广州市百业建设顾问有限公司 | 2471.28 | 154 | 16.05 |
| 71 | 广东同益达工程顾问有限公司 | 2409.97 | 99 | 24.34 |
| 72 | 广东益文建设工程造价咨询有限公司 | 2392.68 | 78 | 30.68 |
| 73 | 广州市永隆工程造价咨询事务所有限公司 | 2351.07 | 36 | 65.31 |
| 74 | 深圳市广得信工程造价咨询有限公司 | 2339.36 | 64 | 36.55 |
| 75 | 深圳锦州工程管理有限公司 | 2316.42 | 125 | 18.53 |
| 76 | 深圳市建衡达工程造价咨询有限公司 | 2299.51 | 71 | 32.39 |
| 77 | 深圳华仑诚工程管理有限公司 | 2289.23 | 75 | 30.52 |
| 78 | 广州众为工程咨询有限公司 | 2269.00 | 80 | 28.36 |
| 79 | 深圳轩明达工程项目管理有限公司 | 2264.55 | 52 | 43.55 |
| 80 | 广东海力建设工程咨询有限公司 | 2223.06 | 69 | 32.22 |
| 81 | 广东天栋建设管理有限公司 | 2135.48 | 65 | 32.85 |
| 82 | 广东普信项目管理有限公司 | 2134.17 | 70 | 30.49 |
| 83 | 深圳市成效项目管理有限公司 | 2116.78 | 56 | 37.80 |

续表

| 序号 | 企业名称 | 工程造价咨询收入(万元) | 从业人员 | 人均产值(万元) |
|---|---|---|---|---|
| 84 | 广州市国际工程咨询公司 | 2011.68 | 149 | 13.50 |
| 85 | 东莞市建业工程造价咨询事务所有限公司 | 1972.44 | 75 | 26.30 |
| 86 | 中宬建设管理有限公司 | 1942.82 | 56 | 34.69 |
| 87 | 广东建勤工程造价咨询有限公司 | 1919.99 | 69 | 27.83 |
| 88 | 佛山市盈科工程造价咨询事务所有限公司 | 1847.00 | 77 | 23.99 |
| 89 | 广州同诚工程造价咨询有限公司 | 1822.26 | 69 | 26.41 |
| 90 | 广东天华华粤工程造价咨询有限公司 | 1806.76 | 31 | 58.28 |
| 91 | 广东精信工程造价咨询有限公司 | 1794.29 | 32 | 56.07 |
| 92 | 广东华城工程咨询有限公司 | 1770.55 | 48 | 36.89 |
| 93 | 广州隽力咨询服务有限公司 | 1768.18 | 22 | 80.37 |
| 94 | 深圳市鹏电工程咨询有限公司 | 1757.00 | 42 | 41.83 |
| 95 | 惠州市建佳造价咨询事务所有限公司 | 1756.00 | 69 | 25.45 |
| 96 | 广东展诚工程咨询有限公司 | 1754.23 | 99 | 17.72 |
| 97 | 深圳高速工程顾问有限公司 | 1700.19 | 609 | 2.79 |
| 98 | 广东恒正工程造价咨询有限公司 | 1682.35 | 34 | 49.48 |
| 99 | 广东泰通伟业工程咨询有限公司 | 1678.00 | 85 | 19.74 |
| 100 | 广州珠建工程造价咨询有限公司 | 1624.00 | 72 | 22.56 |

附录 2

## 广东省本专科院校开设工程造价与工程管理专业情况

| 序号 | 学校代码 | 院校名称 | 开设工程造价或工程管理专业情况 |
|---|---|---|---|
| 1 | 10558 | 中山大学 | 无 |
| 2 | 10559 | 暨南大学 | 无 |
| 3 | 10560 | 汕头大学 | 无 |
| 4 | 10561 | 华南理工大学 | 工程管理 |
| 5 | 10564 | 华南农业大学 | 无 |
| 6 | 10566 | 广东海洋大学 | 工程管理 |
| 7 | 10570 | 广州医科大学 | 无 |
| 8 | 10571 | 广东医科大学 | 无 |
| 9 | 10572 | 广州中医药大学 | 无 |
| 10 | 10573 | 广东药科大学 | 无 |
| 11 | 10574 | 华南师范大学 | 无 |
| 12 | 10576 | 韶关学院 | 无 |
| 13 | 10577 | 惠州学院 | 工程管理 |
| 14 | 10578 | 韩山师范学院 | 无 |
| 15 | 10579 | 岭南师范学院 | 无 |
| 16 | 10580 | 肇庆学院 | 无 |
| 17 | 10582 | 嘉应学院 | 工程管理 |
| 18 | 10585 | 广州体育学院 | 无 |
| 19 | 10586 | 广州美术学院 | 无 |
| 20 | 10587 | 星海音乐学院 | 无 |
| 21 | 10588 | 广东技术师范大学 | 无 |
| 22 | 10590 | 深圳大学 | 工程管理 |
| 23 | 10592 | 广东财经大学 | 无 |
| 24 | 10822 | 广东白云学院 | 工程造价、工程管理 |
| 25 | 10831 | 顺德职业技术学院 | 无 |
| 26 | 10833 | 广东轻工职业技术学院 | 无 |
| 27 | 10861 | 广东交通职业技术学院 | 工程造价 |
| 28 | 10862 | 广东水利电力职业技术学院 | 建设工程管理、工程造价 |

续表

| 序号 | 学校代码 | 院校名称 | 开设工程造价或工程管理专业情况 |
|---|---|---|---|
| 29 | 10965 | 潮汕职业技术学院 | 无 |
| 30 | 11078 | 广州大学 | 工程管理 |
| 31 | 11106 | 广州航海学院 | 工程管理 |
| 32 | 11110 | 广东警官学院 | 无 |
| 33 | 11113 | 深圳职业技术学院 | 工程造价 |
| 34 | 11114 | 广东南华工商职业学院 | 工程造价 |
| 35 | 11121 | 私立华联学院 | 无 |
| 36 | 11347 | 仲恺农业工程学院 | 无 |
| 37 | 11349 | 五邑大学 | 工程管理 |
| 38 | 11540 | 广东金融学院 | 无 |
| 39 | 11545 | 电子科技大学中山学院 | 无 |
| 40 | 11656 | 广东石油化工学院 | 无 |
| 41 | 11819 | 东莞理工学院 | 无 |
| 42 | 11845 | 广东工业大学 | 工程管理 |
| 43 | 11846 | 广东外语外贸大学 | 无 |
| 44 | 11847 | 佛山科学技术学院 | 无 |
| 45 | 12040 | 广州民航职业技术学院 | 无 |
| 46 | 12046 | 广州番禺职业技术学院 | 工程造价 |
| 47 | 12059 | 广东培正学院 | 无 |
| 48 | 12060 | 广东松山职业技术学院 | 工程造价、建设工程管理 |
| 49 | 12121 | 南方医科大学 | 无 |
| 50 | 12322 | 广东农工商职业技术学院 | 无 |
| 51 | 12325 | 广东新安职业技术学院 | 无 |
| 52 | 12327 | 佛山职业技术学院 | 无 |
| 53 | 12572 | 广东科学技术职业学院 | 工程造价 |
| 54 | 12573 | 广东食品药品职业学院 | 无 |
| 55 | 12574 | 广东东软学院 | 无 |
| 56 | 12575 | 广州康大职业技术学院 | 无 |
| 57 | 12576 | 珠海艺术职业学院 | 无 |
| 58 | 12577 | 广东行政职业学院 | 无 |

续表

| 序号 | 学校代码 | 院校名称 | 开设工程造价或工程管理专业情况 |
|---|---|---|---|
| 59 | 12578 | 广东体育职业技术学院 | 无 |
| 60 | 12617 | 华南理工大学广州学院 | 无 |
| 61 | 12618 | 广州大学华软软件学院 | 无 |
| 62 | 12619 | 中山大学南方学院 | 无 |
| 63 | 12620 | 广东外语外贸大学南国商学院 | 无 |
| 64 | 12621 | 广东商学院华商学院 | 无 |
| 65 | 12622 | 广东海洋大学寸金学院 | 工程管理 |
| 66 | 12623 | 华南农业大学珠江学院 | 无 |
| 67 | 12668 | 广东技术师范学院天河学院 | 工程造价 |
| 68 | 12736 | 广东职业技术学院 | 无 |
| 69 | 12741 | 广东建设职业技术学院 | 工程造价 |
| 70 | 12742 | 广东女子职业技术学院 | 无 |
| 71 | 12743 | 广东机电职业技术学院 | 无 |
| 72 | 12749 | 广东岭南职业技术学院 | 工程造价 |
| 73 | 12756 | 汕尾职业技术学院 | 无 |
| 74 | 12770 | 罗定职业技术学院 | 无 |
| 75 | 12771 | 阳江职业技术学院 | 无 |
| 76 | 12772 | 河源职业技术学院 | 无 |
| 77 | 12953 | 广东邮电职业技术学院 | 无 |
| 78 | 12954 | 汕头职业技术学院 | 无 |
| 79 | 12956 | 揭阳职业技术学院 | 无 |
| 80 | 12957 | 深圳信息职业技术学院 | 无 |
| 81 | 12958 | 清远职业技术学院 | 无 |
| 82 | 12959 | 广东工贸职业技术学院 | 无 |
| 83 | 12960 | 广东司法警官职业学院 | 无 |
| 84 | 12961 | 广东亚视演艺职业学院 | 无 |
| 85 | 12962 | 广东省外语艺术职业学院 | 无 |
| 86 | 13177 | 北京师范大学珠海分校 | 无 |
| 87 | 13656 | 广东工业大学华立学院 | 工程造价、工程管理 |
| 88 | 13657 | 广州大学松田学院 | 无 |

续表

| 序号 | 学校代码 | 院校名称 | 开设工程造价或工程管理专业情况 |
|---|---|---|---|
| 89 | 13667 | 广州商学院 | 无 |
| 90 | 13675 | 北京理工大学珠海学院 | 工程管理 |
| 91 | 13684 | 吉林大学珠海学院 | 无 |
| 92 | 13707 | 广东文艺职业学院 | 无 |
| 93 | 13708 | 广州体育职业技术学院 | 无 |
| 94 | 13710 | 中山火炬职业技术学院 | 无 |
| 95 | 13711 | 江门职业技术学院 | 无 |
| 96 | 13712 | 茂名职业技术学院 | 工程造价 |
| 97 | 13713 | 珠海城市职业技术学院 | 无 |
| 98 | 13714 | 广州工商学院 | 无 |
| 99 | 13715 | 广州涉外经济职业技术学院 | 无 |
| 100 | 13716 | 广州南洋理工职业学院 | 工程造价 |
| 101 | 13717 | 广州科技职业技术大学 | 工程造价 |
| 102 | 13718 | 惠州经济职业技术学院 | 工程造价 |
| 103 | 13719 | 广东科技学院 | 无 |
| 104 | 13720 | 广东理工学院 | 工程管理本科、工程造价专科 |
| 105 | 13721 | 广东工商职业技术大学 | 工程造价、建设工程管理 |
| 106 | 13810 | 肇庆医学高等专科学校 | 无 |
| 107 | 13844 | 东莞理工学院城市学院 | 无 |
| 108 | 13902 | 中山大学新华学院 | 无 |
| 109 | 13912 | 广州现代信息工程职业技术学院 | 工程造价 |
| 110 | 13919 | 广东理工职业学院 | 工程造价 |
| 111 | 13927 | 广州华南商贸职业学院 | 无 |
| 112 | 13928 | 广州华立科技职业学院 | 工程造价 |
| 113 | 13929 | 广州城市职业学院 | 无 |
| 114 | 13930 | 广州工程技术职业学院 | 无 |
| 115 | 13930 | 广东工程职业技术学院 | 工程造价 |
| 116 | 13943 | 广州铁路职业技术学院 | 无 |
| 117 | 14063 | 广东科贸职业学院 | 无 |
| 118 | 14065 | 广州科技贸易职业学院 | 无 |

续表

| 序号 | 学校代码 | 院校名称 | 开设工程造价或工程管理专业情况 |
|---|---|---|---|
| 119 | 14066 | 中山职业技术学院 | 无 |
| 120 | 14123 | 广州珠江职业技术学院 | 工程造价 |
| 121 | 14125 | 广州松田职业学院 | 无 |
| 122 | 14126 | 广东文理职业学院 | 工程造价 |
| 123 | 14136 | 广州城建职业学院 | 工程造价 |
| 124 | 14263 | 东莞职业技术学院 | 建设工程管理 |
| 125 | 14265 | 广东南方职业学院 | 建筑工程管理（工程造价方向） |
| 126 | 14266 | 广州华商职业学院 | 工程造价 |
| 127 | 14268 | 广州华夏职业学院 | 工程造价 |
| 128 | 14278 | 广东第二师范学院 | 无 |
| 129 | 14311 | 广东环境保护工程职业学院 | 工程造价、工程管理 |
| 130 | 14325 | 南方科技大学 | 无 |
| 131 | 14361 | 广东青年职业学院 | 无 |
| 132 | 14362 | 广州东华职业学院 | 工程造价 |
| 133 | 14363 | 广东创新科技职业学院 | 工程造价 |
| 134 | 14407 | 广东舞蹈戏剧职业学院 | 无 |
| 135 | 14408 | 惠州卫生职业技术学院 | 无 |
| 136 | 14427 | 广东信息工程职业学院 | 工程造价 |
| 137 | 14509 | 广东生态工程职业学院 | 无 |
| 138 | 14510 | 惠州城市职业学院 | 无 |
| 139 | 14511 | 广东碧桂园职业学院 | 工程造价 |
| 140 | 14556 | 广东茂名健康职业学院 | 无 |
| 141 | 14572 | 广东酒店管理职业技术学院 | 无 |
| 142 | 14587 | 广东茂名幼儿师范专科学校 | 无 |
| 143 | 14592 | 广州卫生职业技术学院 | 无 |
| 144 | 14609 | 惠州工程职业学院 | 无 |
| 145 | 14610 | 广东江门中医院职业学院 | 无 |
| 146 | 14638 | 广东茂名农林科技职业学院 | 无 |
| 147 | 14655 | 深圳技术大学 | 无 |
| 148 | 14664 | 广东江门幼儿师范高等专科学校（2019 年新建） | 无 |

续表

| 序号 | 学校代码 | 院校名称 | 开设工程造价或工程管理专业情况 |
|---|---|---|---|
| 149 | 14667 | 广东财贸职业学院（2019 年新建） | 无 |
| 150 | 16401 | 北京师范大学—香港浸会大学联合国际学院 | 无 |
| 151 | 16407 | 香港中文大学（深圳） | 无 |
| 152 | 16409 | 深圳北理莫斯科大学 | 无 |
| 153 | 50853 | 湛江幼儿师范专科学校 | 无 |
| 154 | 4144016410 | 广东以色列理工学院 | 无 |

附录3

# 广东省工程造价咨询企业信用评价结果

（来源：中国建设工程造价管理协会官网 http：//www. ccea. pro/信用评价结果查询，截至2020年11月18日）

| 序号 | 单位名称 | 信用等级 |
|---|---|---|
| 1 | 广州市国际工程咨询有限公司 | AAA |
| 2 | 华伦中建建设股份有限公司 | AAA |
| 3 | 广东京通工程造价咨询有限公司 | AAA |
| 4 | 深圳市深水工程造价咨询有限公司 | AAA |
| 5 | 广东华建工程咨询有限公司 | AAA |
| 6 | 广东华正工程咨询有限公司 | AAA |
| 7 | 深圳群伦项目管理有限公司 | AAA |
| 8 | 深圳市国建工程造价咨询有限公司 | AAA |
| 9 | 中国能源建设集团广东省电力设计研究院有限公司 | AAA |
| 10 | 广东华城工程咨询有限公司 | AAA |
| 11 | 深圳市普利工程咨询有限公司 | AAA |
| 12 | 深圳市建星项目管理顾问有限公司 | AAA |
| 13 | 珠海市公评工程造价咨询有限公司 | AAA |
| 14 | 鹏信工程项目管理顾问有限公司 | AAA |
| 15 | 广东惠通工程顾问有限公司 | AAA |
| 16 | 深圳市建衡达工程造价咨询有限公司 | AAA |
| 17 | 佛山市盈科工程造价咨询事务所有限公司 | AAA |
| 18 | 广东华穗工程咨询有限公司 | AAA |
| 19 | 广州翌弘工程造价咨询有限公司 | AAA |
| 20 | 广东鸿厦工程管理咨询有限公司 | AAA |
| 21 | 深圳市中建达工程项目管理有限公司 | AAA |
| 22 | 广东财贸建设工程顾问有限公司 | AAA |
| 23 | 广州恒诺造价师事务所有限公司 | AAA |
| 24 | 广东省建筑工程监理有限公司 | AAA |
| 25 | 广东鹰科工程管理有限公司 | AAA |
| 26 | 建成工程咨询股份有限公司 | AAA |

续表

| 序号 | 单位名称 | 信用等级 |
|---|---|---|
| 27 | 广东华审工程咨询有限公司 | AAA |
| 28 | 中量工程咨询有限公司 | AAA |
| 29 | 永道工程咨询有限公司 | AAA |
| 30 | 广东飞腾工程造价咨询有限公司 | AAA |
| 31 | 广东建伟工程咨询有限公司 | AAA |
| 32 | 华联世纪工程咨询股份有限公司 | AAA |
| 33 | 广东信仕德建设项目管理有限公司 | AAA |
| 34 | 中国建设银行股份有限公司广东省分行 | AAA |
| 35 | 广东省国际工程咨询有限公司 | AAA |
| 36 | 深圳市航建工程造价咨询有限公司 | AAA |
| 37 | 广州市新誉工程咨询有限公司 | AAA |
| 38 | 广东华禹工程咨询有限公司 | AAA |
| 39 | 广东泰通伟业工程咨询有限公司 | AAA |
| 40 | 清远市华林工程造价咨询服务有限公司 | AAA |
| 41 | 深圳市诚信行工程咨询有限公司 | AAA |
| 42 | 广东顶立工程咨询有限公司 | AAA |
| 43 | 广东盛建工程事务咨询有限公司 | AAA |
| 44 | 广东同益达工程顾问有限公司 | AAA |
| 45 | 广东明正项目管理有限公司 | AAA |
| 46 | 广东国建工程项目管理有限公司 | AAA |
| 47 | 广东威朗工程咨询有限公司 | AAA |
| 48 | 深圳高速工程顾问有限公司 | AAA |
| 49 | 广东益文建设工程造价咨询有限公司 | AAA |
| 50 | 广东宏茂建设管理有限公司 | AAA |
| 51 | 广东拓腾工程造价咨询有限公司 | AAA |
| 52 | 广东精信工程造价咨询有限公司 | AAA |
| 53 | 深圳市丰浩达工程项目管理有限公司 | AAA |
| 54 | 深圳市建易达工程造价咨询有限公司 | AAA |
| 55 | 广东中恒信工程造价咨询有限公司 | AAA |
| 56 | 广州同诚工程造价咨询有限公司 | AAA |

续表

| 序号 | 单位名称 | 信用等级 |
|---|---|---|
| 57 | 深圳市华夏工程顾问有限公司 | AAA |
| 58 | 汕头市粤建工程造价咨询有限公司 | AAA |
| 59 | 广州竣盛工程造价咨询事务所有限公司 | AAA |
| 60 | 广州市国际工程咨询公司 | AAA |
| 61 | 广州工建工程咨询有限公司 | AAA |
| 62 | 中国建设银行股份有限公司深圳市分行 | AAA |
| 63 | 广东建瀚工程管理有限公司 | AAA |
| 64 | 珠海德联工程咨询有限公司 | AAA |
| 65 | 广东明润工程造价咨询有限公司 | AAA |
| 66 | 深圳市广诚工程顾问有限公司 | AAA |
| 67 | 中水珠江规划勘测设计有限公司 | AAA |
| 68 | 深圳市国晨工程造价咨询有限公司 | AAA |
| 69 | 广东宏正工程咨询有限公司 | AAA |
| 70 | 深圳市海德伦工程咨询有限公司 | AAA |
| 71 | 深圳市鼎兴工程造价咨询有限公司 | AAA |
| 72 | 深圳锦州工程管理有限公司 | AAA |
| 73 | 广东至衡工程管理有限公司 | AAA |
| 74 | 深圳市航招工程造价咨询有限公司 | AAA |
| 75 | 深圳市欣广拓工程造价咨询有限公司 | AAA |
| 76 | 广州穗监工程造价咨询有限公司 | AAA |
| 77 | 公诚管理咨询有限公司 | AAA |
| 78 | 广州金良工程咨询有限公司 | AAA |
| 79 | 广州市建鋐建筑技术咨询有限公司 | AAA |
| 80 | 广东曦达工程咨询有限公司 | AAA |
| 81 | 广州市宏正工程造价咨询有限公司 | AAA |
| 82 | 珠海华信达工程顾问有限公司 | AAA |
| 83 | 深圳市永达信工程造价咨询有限公司 | AAA |
| 84 | 广东巨正建设项目管理有限公司 | AAA |
| 85 | 广东粤能工程管理有限公司 | AAA |
| 86 | 广东天栋建设管理有限公司 | AAA |

续表

| 序号 | 单位名称 | 信用等级 |
| --- | --- | --- |
| 87 | 深圳市合创建设工程顾问有限公司 | AAA |
| 88 | 深圳市建锋工程造价咨询有限公司 | AAA |
| 89 | 深圳市广得信工程造价咨询有限公司 | AAA |
| 90 | 深圳市华阳国际工程造价咨询有限公司 | AAA |
| 91 | 广州珠建工程造价咨询有限公司 | AAA |
| 92 | 广州众为工程咨询有限公司 | AAA |
| 93 | 惠州市建佳造价咨询事务所有限公司 | AAA |
| 94 | 广东展诚工程咨询有限公司 | AAA |
| 95 | 广东立真工程项目咨询有限公司 | AAA |
| 96 | 广东人信工程咨询有限公司 | AAA |
| 97 | 广州宇丰工程咨询有限公司 | AAA |
| 98 | 深圳市华伦投资咨询有限公司 | AAA |
| 99 | 广州筑正工程建设管理有限公司 | AAA |
| 100 | 广东正中信德建设工程咨询有限公司 | AAA |
| 101 | 深圳华仑诚工程管理有限公司 | AAA |
| 102 | 东莞通华项目咨询有限公司 | AAA |
| 103 | 广东海力建设工程咨询有限公司 | AAA |
| 104 | 深圳市首嘉工程顾问有限公司 | AAA |
| 105 | 广东天粤工程造价咨询有限公司 | AAA |
| 106 | 广东晖达工程顾问有限公司 | AAA |
| 107 | 广东信怡工程造价咨询有限公司 | AAA |
| 108 | 广州尚晋工程咨询有限公司 | AAA |
| 109 | 国众联建设工程管理顾问有限公司 | AAA |
| 110 | 广东诚安信工程造价咨询有限公司 | AAA |
| 111 | 博罗县建诚工程造价咨询服务有限公司 | AAA |
| 112 | 深圳市栋森工程项目管理有限公司 | AAA |
| 113 | 珠海鸿立工程造价咨询事务所有限公司 | AAA |
| 114 | 广东建宇工程咨询有限公司 | AAA |
| 115 | 广东诺诚房地产土地评估工程咨询经济鉴证有限公司 | AAA |
| 116 | 广东长信德工程咨询有限公司 | AAA |
| 117 | 广州市吉光工程造价咨询有限公司 | AAA |
| 118 | 广州灏天工程顾问有限公司 | AAA |

续表

| 序号 | 单位名称 | 信用等级 |
|---|---|---|
| 119 | 广东恒正工程造价咨询有限公司 | AAA |
| 120 | 中山市城乡建设工程造价事务所有限公司 | AAA |
| 121 | 广州穗科建设管理有限公司 | AAA |
| 122 | 广东道勤项目管理咨询有限公司 | AAA |
| 123 | 广东创南工程管理有限公司 | AAA |
| 124 | 珠海市建信建设投资咨询有限公司 | AAA |
| 125 | 中宬建设管理有限公司 | AAA |
| 126 | 佛山市紫晖工程造价咨询有限公司 | AAA |
| 127 | 广州恒生润业工程造价咨询有限公司 | AAA |
| 128 | 广东托信项目管理有限公司 | AAA |
| 129 | 广东万诚工程造价咨询有限公司 | AAA |
| 130 | 深圳市建森工程造价咨询有限公司 | AAA |
| 131 | 佛山市粤辉工程造价咨询事务所有限公司 | AAA |
| 132 | 广东佳正工程顾问有限公司 | AAA |
| 133 | 广东鮀岛工程造价咨询有限公司 | AAA |
| 134 | 中山市捷高建设工程事务所有限公司 | AAA |
| 135 | 广州诚业工程咨询有限公司 | AAA |
| 136 | 深圳市全至工程咨询有限公司 | AAA |
| 137 | 广东建勤工程造价咨询有限公司 | AAA |
| 138 | 广东拓实工程咨询有限公司 | AAA |
| 139 | 广州高新工程顾问有限公司 | AAA |
| 140 | 广州诚信公路建设监理咨询有限公司 | AAA |
| 141 | 中山市铭信工程造价咨询有限公司 | AAA |
| 142 | 惠州市筑成工程管理有限公司 | AAA |
| 143 | 深圳市昌信工程管理顾问有限公司 | AAA |
| 144 | 深圳市京圳工程咨询有限公司 | AAA |
| 145 | 广东凯信工程造价咨询有限公司 | AAA |
| 146 | 广州新业建设管理有限公司 | AAA |
| 147 | 广东中洲国信建设管理咨询有限公司 | AAA |
| 148 | 深圳市中联建工程项目管理有限公司 | AAA |
| 149 | 广州翔实工程咨询有限公司 | AAA |
| 150 | 惠州市建鑫工程造价事务所有限公司 | AAA |

续表

| 序号 | 单位名称 | 信用等级 |
| --- | --- | --- |
| 151 | 广东天华华粤工程造价咨询有限公司 | AAA |
| 152 | 东莞市建业工程造价咨询事务所有限公司 | AAA |
| 153 | 深圳市广厦工程顾问有限公司 | AAA |
| 154 | 广东科信工程管理有限公司 | AAA |
| 155 | 深圳市锦绣城工程造价咨询有限公司 | AAA |
| 156 | 中山成诺工程咨询有限公司 | AAA |
| 157 | 广州市建银工程造价咨询有限公司 | AAA |
| 158 | 湛江市中正工程造价咨询事务所有限公司 | AAA |
| 159 | 深圳市龙浩工程咨询有限公司 | AAA |
| 160 | 广州市永隆工程造价咨询事务所有限公司 | AAA |
| 161 | 茂名市建银工程造价咨询有限公司 | AAA |
| 162 | 江门市安厦建设监理有限公司 | AAA |
| 163 | 广东冠诚工程管理有限公司 | AAA |
| 164 | 广东广得信工程管理有限公司 | AAA |
| 165 | 深圳市天旭建设工程造价咨询有限公司 | AAA |
| 166 | 佛山市顺德区众信工程造价咨询有限公司 | AAA |
| 167 | 广东隽衡工程造价咨询有限公司 | AAA |
| 168 | 惠州市建迅工程造价咨询有限公司 | AAA |
| 169 | 深圳市建鑫泰工程造价咨询有限公司 | AAA |
| 170 | 广东协本工程顾问有限公司 | AAA |
| 171 | 广州市百业建设顾问有限公司 | AAA |
| 172 | 伟历信咨询(深圳)有限公司 | AAA |
| 173 | 河源市振丰工程造价咨询有限公司 | AAA |
| 174 | 广东海诚工程咨询有限公司 | AAA |
| 175 | 湛江市正大工程造价咨询事务所有限公司 | AAA |
| 176 | 深圳市鹏电工程咨询有限公司 | AAA |
| 177 | 广东博众工程咨询有限公司 | AAA |
| 178 | 广东恒德晟建设咨询有限公司 | AAA |
| 179 | 广州城略工程管理有限公司 | AAA |
| 180 | 广东建海工程项目管理有限公司 | AAA |
| 181 | 清远市银宇工程造价咨询有限公司 | AAA |
| 182 | 中山市兴中工程造价咨询有限公司 | AAA |

续表

| 序号 | 单位名称 | 信用等级 |
|---|---|---|
| 183 | 广州广建和工程造价咨询有限公司 | AAA |
| 184 | 深圳市国福工程项目管理有限公司 | AAA |
| 185 | 茂名市建业工程造价咨询事务所有限公司 | AAA |
| 186 | 广东新正工程咨询有限公司 | AAA |
| 187 | 金厦工程管理咨询有限公司 | AAA |
| 188 | 广东普信项目管理有限公司 | AAA |
| 189 | 韶关市建韶工程造价咨询有限公司 | AAA |
| 190 | 广东鲁班行技术管理有限公司 | AAA |
| 191 | 广东宏江土地房地产评估与工程顾问有限公司 | AAA |
| 192 | 广州菲达建筑咨询有限公司 | AAA |
| 193 | 广东永拓中房工程造价咨询有限公司 | AAA |
| 194 | 惠州城际工程咨询有限公司 | AAA |
| 195 | 深圳市甘泉建设监理有限公司 | AAA |
| 196 | 深圳市宏华明工程造价咨询事务所 | AAA |
| 197 | 广州隽力咨询服务有限公司 | AAA |
| 198 | 惠州市捷信工程造价咨询事务所有限公司 | AAA |
| 199 | 惠东县建纬工程造价事务所有限公司 | AAA |
| 200 | 东莞市柏森建设工程顾问有限公司 | AAA |
| 201 | 湛江市中誉工程造价事务所有限公司 | AAA |
| 202 | 阳江市信必达工程造价咨询事务所有限公司 | AAA |
| 203 | 成致项目管理有限公司 | AAA |
| 204 | 揭阳市佳正工程造价咨询与房地产评估有限公司 | AAA |
| 205 | 深圳市众鑫工程造价咨询有限公司 | AAA |
| 206 | 智远建设顾问(广东)有限公司 | AAA |
| 207 | 汕头市永衡工程造价咨询有限公司 | AAA |
| 208 | 广州博业工程咨询有限公司 | AAA |
| 209 | 湛江市中信基建事务所有限公司 | AAA |
| 210 | 深圳市诚朴工程造价咨询有限公司 | AAA |
| 211 | 汕尾市建造工程监理有限公司 | AAA |
| 212 | 佛山市兆信工程项目管理有限公司 | AAA |
| 213 | 深圳市建安业预结算有限公司 | AAA |
| 214 | 潮州市建设工程咨询事务所有限公司 | AAA |

续表

| 序号 | 单位名称 | 信用等级 |
| --- | --- | --- |
| 215 | 广东睿信工程顾问有限公司 | AAA |
| 216 | 佛山市建鹏工程造价事务所有限公司 | AAA |
| 217 | 广东科瑞工程管理有限公司 | AAA |
| 218 | 广州恒远工程造价咨询有限公司 | AAA |
| 219 | 江门市科信建设工程计价有限公司 | AAA |
| 220 | 广东皓安工程咨询有限公司 | AAA |
| 221 | 深圳市广智工程造价咨询有限公司 | AAA |
| 222 | 汕头市信建工程造价咨询有限公司 | AAA |
| 223 | 深圳市信任行工程造价咨询有限公司 | AAA |
| 224 | 韶关市方川工程咨询有限公司 | AAA |
| 225 | 广东丰帆工程咨询有限公司 | AAA |
| 226 | 广东伟信工程项目管理有限公司 | AAA |
| 227 | 珠海市物资招标有限公司 | AAA |
| 228 | 广东恒信建设咨询有限公司 | AAA |
| 229 | 广东天望建设项目管理有限公司 | AAA |
| 230 | 深圳建呈达工程造价咨询有限公司 | AAA |
| 231 | 北京建友工程造价咨询有限公司广东分公司 | AAA |
| 232 | 深圳市华地工程造价咨询有限公司 | AAA |
| 233 | 佛山市海正工程造价咨询事务所有限公司 | AAA |
| 234 | 中山市中盈土地房地产评估与工程咨询有限公司 | AAA |
| 235 | 广东宏腾工程管理有限公司 | AA |
| 236 | 广东肇庆信安工程造价咨询有限公司 | AA |
| 237 | 广东远盛工程咨询有限公司 | AA |
| 238 | 广东鼎建工程咨询监理有限公司 | AA |
| 239 | 茂名市金苑工程造价咨询事务所有限责任公司 | AA |
| 240 | 中山市中宏工程造价咨询有限公司 | AA |
| 241 | 梅州市嘉诚工程造价咨询有限公司 | AA |
| 242 | 深圳市中邦工程项目管理有限公司 | AA |
| 243 | 深圳市确正工程造价咨询有限公司 | AA |
| 244 | 深圳市嘉丰安工程咨询有限公司 | AA |
| 245 | 深圳市腾达工程顾问有限公司 | AA |
| 246 | 深圳市建艺国际工程顾问有限公司 | AA |

续表

| 序号 | 单位名称 | 信用等级 |
|---|---|---|
| 247 | 广州市金葆工程造价咨询事务所有限公司 | AA |
| 248 | 广州闻知工程造价咨询有限公司 | AA |
| 249 | 阳江市银建工程造价咨询事务所有限公司 | AA |
| 250 | 深圳轩明达工程项目管理有限公司 | AA |
| 251 | 珠海市聚天立工程造价咨询有限公司 | AA |
| 252 | 深圳科宇工程顾问有限公司 | AA |
| 253 | 广州金盛建工程项目管理咨询有限公司 | AA |
| 254 | 珠海华泰工程项目管理有限公司 | AA |
| 255 | 佛山市华南工程造价事务所有限责任公司 | AA |
| 256 | 惠州市建诚工程造价咨询事务所有限公司 | AA |
| 257 | 佛山市嘉富恒工程造价咨询有限公司 | AA |
| 258 | 中山市明德工程项目管理有限公司 | AA |
| 259 | 清远市正源工程造价咨询服务有限公司 | AA |
| 260 | 广东金域工程咨询有限公司 | AA |
| 261 | 江门市蓬江区汇和工程造价咨询事务所有限公司 | AA |
| 262 | 珠海兴地建设项目管理有限公司 | AA |
| 263 | 深圳市加斯特工程咨询有限公司 | AA |
| 264 | 珠海市尚阳工程造价咨询有限公司 | AA |
| 265 | 广东诚审工程设计咨询有限公司 | AA |
| 266 | 揭阳市弘业工程造价咨询有限公司 | AA |
| 267 | 罗定市建业工程造价咨询有限公司 | AA |
| 268 | 韶关中一工程造价咨询有限公司 | AA |
| 269 | 中山市伟达咨询顾问有限公司 | AA |
| 270 | 中山市怡兴建设工程事务所有限公司 | AA |
| 271 | 深圳市圆信工程造价评估有限公司 | AA |
| 272 | 中通建设工程咨询有限责任公司广东分公司 | AA |
| 273 | 深圳市深龙港工程项目管理有限公司 | AA |
| 274 | 四会市环宇工程造价咨询有限公司 | AA |
| 275 | 中山市建设工程咨询有限公司 | AA |
| 276 | 江门市公盈建设工程计价有限公司 | AA |
| 277 | 中山市方圆建设工程事务所有限公司 | AA |
| 278 | 韶关市中利工程咨询有限公司 | AA |

续表

| 序号 | 单位名称 | 信用等级 |
|---|---|---|
| 279 | 佛山市博信工程造价咨询有限公司 | AA |
| 280 | 高州市高茗工程造价事务所 | AA |
| 281 | 深圳市骏祥工程造价咨询有限公司 | AA |
| 282 | 广州市恒展工程造价事务有限公司 | AA |
| 283 | 广东国斌建设工程项目管理有限公司 | AA |
| 284 | 广东广水工程造价咨询有限公司 | AA |
| 285 | 中审世纪工程造价咨询(北京)有限公司广东分公司 | AA |
| 286 | 广州宏元建设工程咨询有限公司 | AA |
| 287 | 广东德骏工程项目管理有限公司 | AA |
| 288 | 深圳市中兴工程造价咨询有限公司 | AA |
| 289 | 肇庆市中诚工程造价咨询事务所有限公司 | AA |
| 290 | 深圳市成效项目管理有限公司 | AA |
| 291 | 广东金诚工程咨询有限公司 | AA |
| 292 | 广东省机电设备招标中心有限公司 | AA |
| 293 | 广州市南悦工程顾问有限公司 | AA |
| 294 | 广州市梓通工程造价咨询有限公司 | AA |
| 295 | 上海申元工程投资咨询有限公司广东分公司 | AA |
| 296 | 深圳市祺骏建设工程顾问有限公司 | AA |
| 297 | 广州立德工程咨询有限公司 | AA |
| 298 | 深圳市业达工程项目管理有限公司 | AA |
| 299 | 深圳市建诚工程造价咨询有限公司 | AA |
| 300 | 广东平嘉项目管理有限公司 | AA |
| 301 | 佛山市南海易简工程造价咨询有限公司 | AA |
| 302 | 中山安泰工程项目管理有限公司 | AA |
| 303 | 深圳市河图建设项目管理有限公司 | AA |
| 304 | 阳春市宏建工程项目服务有限公司 | AA |
| 305 | 广东中水工程监理有限公司 | AA |
| 306 | 惠州市中建工程造价咨询有限公司 | AA |
| 307 | 江苏交通工程投资咨询有限公司广州分公司 | AA |
| 308 | 饶平县建信工程造价咨询有限公司 | AA |
| 309 | 广州东华建设监理有限公司 | AA |
| 310 | 韶关市恒新工程造价咨询有限公司 | AA |

续表

| 序号 | 单位名称 | 信用等级 |
| --- | --- | --- |
| 311 | 北京市建壮咨询有限公司广州分公司 | AA |
| 312 | 华春建设工程项目管理有限责任公司广东分公司 | AA |
| 313 | 深圳市精确工程造价咨询有限公司 | AA |
| 314 | 佛山市明信工程管理有限公司 | AA |
| 315 | 广州铭和工程咨询有限公司 | AA |
| 316 | 湛江明正工程管理有限公司 | AA |
| 317 | 深圳市中至诚工程造价咨询有限公司 | AA |
| 318 | 深圳市智筑工程咨询有限公司 | A |

附录 4

# 广东省二级造价工程师教育培训各市合作单位

（来源：广东省工程造价协会）

| 单位名称 | 地址 | 电话 |
|---|---|---|
| 广州城建职业学院 | 广州市从化区环市东路 166 号 | 020-37923067，13926129688 |
| 广东长通人力资源服务有限公司 | 广州市越秀区白云路 83 号自编 503 房 | 020-83731339，18617346283 |
| 广州市建设职业培训学校 | 广州市越秀区华乐路 57 号华乐大厦北塔 4 楼 | 020-22266088，13332880888 |
| 广东建设职业技术学院 | 广州市白云区广花二路 638 号 | 020-36409839，13711729496 |
| 广东省粤建职业培训学校 | 广州市天河区高科路 37 号自编 A 栋 102 房 | 020-29808270，13392118535 |
| 广东工程职业技术学院 | 广州市天河区渔兴路 18 号 | 020-37395071，13802781671 |
| 广东省祥粤建设职业培训学校 | 广州市天河区燕岭路 123 号 3 楼 | 020-87085982，15602322262 |
| 广州市天河区搏达恒盛教育培训中心 | 广州市天河区五山路国家软件科技园高科园区 5 楼 | 020-85217127，18926176553 |
| 广东善德职业技术培训有限公司 | 广州市天河区天润路 4 号 | 020-87180800，13903074118 |
| 广东省艺建联职业培训学校 | 广州市天河区天源路兴龙街 5 号 | 020-87042608，15917445228 |
| 广州一砖一瓦教育科技有限公司 | 广州市越秀区广州大道中 599 号泰兴商业大厦 715 室 | 020-28900001，18620790464 |
| 广东邮电职业技术学院 | 广州市天河区中山大道西 191 号 | 020-83969100，18664751006 |
| 深圳建筑业协会培训中心 | 深圳市福田区红荔西路与景田路交界西北角鲁班大厦 3 楼 201-303 室 | 0755-83165756，18676766264 |
| 深圳市豪科培训中心 | 深圳市福民路知本大厦 23 楼 C/D 室 | 0755-83558556，15986647757 |
| 深圳市斯维尔科技股份有限公司 | 深圳市南山区科技园北区清华信息港 B 座 7 楼、12 楼 | 0755-33257320，13728633790 |
| 深圳市中教文化传播有限公司 | 深圳市福田区振华路 100 号深纺大厦 C 座 6 楼东 618 室 | 0755-82990703，18924325611 |

续表

| 单位名称 | 地址 | 电话 |
| --- | --- | --- |
| 深圳市正本教育科技有限公司 | 深圳市罗湖区清水河街道泥岗西路 1068 号第 1 教学楼东 820 室 | 0755-25859082，13682580216 |
| 广东省凯文职业培训学院 | 深圳市福田报税区市花路 21 号 | 0755-82684133，13711129086 |
| 东莞市建设培训中心 | 东莞市大岭山镇连平村连马路 185 号 | 0769-88697002，13922908345 |
| 东莞市建筑业协会培训中心 | 东莞市万江区共联莲丰市场对面 | 0769-22658001，13926862620 |
| 中山市中南城建职业培训学校 | 中山市东区柏苑路 21-25 号 | 0760-88668871，18925361520 |
| 惠州市建筑技术职业培训中心 | 惠州市江北文成路 1 号工程监督大楼 4 楼 | 0752-2117863，13502280608 |
| 江门市诺诚咨询有限公司 | 江门市蓬江区建设路 19 号之三 2 幢 | 0750-3270238，13828033238 |
| 清远市建筑业协会 | 清远市新城区连江路建北大厦喜迎盈国际商务中心 | 0763-3152292，13926680627 |
| 阳江市宏泰职业培训学校 | 阳江市江城区濠江路 45 号 | 0662-3168056，13829813328 |
| 茂名市建设培训学校 | 茂名市双山 4 路南 2 巷 18 号大院 | 0668-2297811，18806698890 |
| 湛江市建设职业技术培训学校 | 湛江市赤坎区海滨六路 3 号之三 A 座沙湾大厦 | 0759-3588366，13822583083 |
| 韶关市建筑培训中心 | 韶关市浈江区大学路 133 号韶关市中等职业技术学校 | 0751-8635160，13826323766 |
| 河源市建协职业培训学校 | 河源市新市区火车站小区东兴批发市场南 6 栋 | 0762-3353128，15976722451 |
| 肇庆市端州区仁泽职业培训学校 | 肇庆市端州区人力资源和社会保障局副楼 2-3 楼 | 0758-2286208，13929878008 |

附录 5

# 广东省住房和城乡建设厅关于深化房屋建筑和市政基础设施工程领域招标投标改革的实施意见

各地级以上市住房城乡建设主管部门：

为深入贯彻习近平总书记关于全面从严治党的重要指示精神，落实《国务院办公厅关于促进建筑业持续健康发展的意见》《国务院办公厅转发住房城乡建设部关于完善质量保障体系提升建筑工程品质指导意见的通知》《住房城乡建设部关于进一步加强房屋建筑和市政基础设施工程招标投标监管的指导意见》的工作部署，现按照省委、省政府加强工程招标投标活动监管，严厉打击招标投标环节违法违规行为的工作安排，提出深化我省房屋建筑和市政基础设施工程（以下简称“房屋市政工程”）领域招标投标制度改革的实施意见如下。

## 一、总体要求

以习近平新时代中国特色社会主义思想为根本遵循，全面贯彻党的十九大和十九届二中、三中、四中全会精神，深入贯彻习近平总书记重要讲话和重要指示批示精神，以市场化为导向，以创新为动力，积极推进改革，有效解决招标投标活动中存在的突出问题，实现招标投标活动公平、公开、公正、诚实信用和择优竞价，促进我省建筑业健康发展。

## 二、工作目标

全面推行招标人首要责任制，大力推进招标方式、评标方式改革，构建公平、择优、竞价、廉洁、高效的招标投标制度环境，推动新材料、新工艺、新技术的应用，争创我省优质精品工程；改革创新监管方式，有效遏制串通招标投标、弄虚作假、标后转包挂靠等违法违规行为。

## 三、主要任务

（一）推进招标方式改革

1. 确立招标人首要责任制。各地级以上市住房城乡建设主管部门要加快确立招标人首要责任制，赋予招标人在招标文件编制、评标定标办法选择等方面更大的自主权，明确招标人在招标活动中的责任。鼓励招标人自主选择资格审查方式、评标方法，对招标过程和结果负责。

2. 推广工程建设组织先进模式。各地级以上市住房城乡建设主管部门要鼓励招标人在政府投资工程中采用代建模式，实施相对集中的专业化管理，提高政府投资工程的管理能效；鼓励招标人采用全过程工程咨询、工程总承包等工程建设组织模式，减少招标投标层级；制定与全过程工程咨询、工程总承包建设组织模式相适应的监管措施，落实全过程工程咨询、工程总承包单位及其从业人员的工程质量、安全、进度控制、成本管理责任；允许总承包单位依据合同约定或经招标人同意，自主决定专业分包。

3. 推行招标条件承诺制。各地级以上市住房城乡建设主管部门要推行招标条件承诺制度。对于取得项目审批、核准部门审批、核准意见的项目，在满足技术条件、确认投标人资质等级和确定项目造价的情况下，允许招标人在提交自行承担招标失败等风险的书面承诺后，先行开展招标活动。严格承诺制后续管理措施，未取得必要审批文件的，不得开展招标项目的建设活动。

4. 严格规范招标投标文件。各地级以上市住房城乡建设主管部门应规范招标文件编写要求，制定招标文件范本。招标项目属于施工、监理的，招标文件应载明项目负责人、技术负责人签字确认的资格审查条款；投标人拟派出的项目负责人、技术负责人应当在投标文件中签字确认，无签名或能认定属冒充签名的投标文件按资格审查不通过处理。

（二）推进评标方式改革

5. 试行“评定分离”制度。各地级以上市住房城乡建设主管部门要试行“评定分离”制度，评标委员会负责对投标文件进行评审，对投标人的技术、质量、安全、工期的控制能力等因素提供技术咨询建议，推荐不排序中标候选人；鼓励招标人建立健全内部控制程序和决策约束机制，组建定标委员会，由定标委员会从中标候选人中择优选定中标人。尚未开展“评定分离”制度的地区要借鉴已实施地区的经验，结合当地实际，制定“评定分离”细则，推动“评定分离”试行试点。

6. 倡导“择优与竞价相结合”竞标模式。各地级以上市住房城乡建设主管部门要引导招标人按照择优与竞价相结合、择优为主的原则，根据招标项目特点，通过提高资信、业绩、奖项、信用评价、团队构成，以及投标方案中体现技术、工艺先进性等因素的评分权重，强化评审择优，确保项目的质量安全，鼓励投标人创优质精品工程。对采用最低价中标的要推行高保额履约担保。依法禁止采取抽签、摇号等随机方式进行资格预审、评标评审或者确定中标人。

7. 全面实施电子招标投标。各地级以上市住房城乡建设主管部门要加快推进房屋市政工程的招标投标全过程电子化工作。广州、深圳要率先完善招标投标信息化管理平台建设；珠三角其他地区要在2021年上半年完成招标投标信息化管理平台建设；粤东西北地区要结合实际情况，大力推进招标投标电子化进程，在2022年上半年全面实现全过程电子招标投标。推进省级房屋市政工程招标投标行政监管平台建设，实现交易、监管数据互联共享。

8. 强化信息公开。各级住房城乡建设主管部门要督促招标人按公益服务、公开透明、高效便捷、集中共享的原则，及时将依法必须公开招标项目的招标公告、公示等信息在指定媒介上公开，屏蔽需保密或涉及商业秘密的内容，对不按规定公开的依法纠正处理。

9. 严格专家管理。各级住房城乡建设主管部门要进一步加强对评标评审专家的监督管理，建立专家违法违规行为举报机制，依法对评标评审专家在评标过程中的违法违规行为进行监管。评标评审专家在评标评审活动中的违法违规行为，由监管招标投标项目的住房城乡建设主管部门依法处理；评标评审专家在评标评审活动中出现的迟到、缺席、提出无理要求、恶意索要酬劳等履职负面行为，由省评标评审专家管理单位依规处理。

（三）推进监管方式改革

10. 推动信用评价应用。各地级以上市住房城乡建设主管部门要强化招标主体责任追溯，加强对招标人、投标人、招标代理机构及招标投标活动从业人员的信用管理。扩大信用信息在招标投标环节的应用，对失信法人和从业人员参与招标投标活动依法予以限制，对严重失信法人和从业人员依法实施联合惩戒。鼓励招标人免收信用评价情况良好的投标人的投标保证金和履约保证金，并优选信用记录良好的投标人为中标人。

11. 加强投诉处理。各级住房城乡建设主管部门要进一步完善投诉处理制度，及时回应投诉问题，认真查处和纠正有关违法违规行为；对查无实据、无法查实及恶意投诉的案件要及时结案，保障被投诉人的合法权益，对查实属于恶意投诉的应追究投诉人相应责任。

12. 推进“互联网+”监管工作。省住房城乡建设主管部门要推进全省房屋市政工程电子招标投标监管工作，充分运用全省住房城乡建设管理相关信息服务系统，以及共享全省商事登记、社会保险、职称和资格评定等公开信息，对招标投标实施大数据监控，实现“互联网+”监管工作目标。

13. 建立履约评价制度。省住房城乡建设主管部门研究制定标后履约评价管理机制，建立全省统一的履约评价平台；各级住房城乡建设主管部门组织招标人、中标人在履约评价平台上进行履约互评，互评信息通过履约评价平台公开，作为招标人定标择优、投标人投标决策的参考依据。互评内容主要包括招标人的工程款支付、必要的配合工作以及中标人的人员配备、设备投入、质量安全、工程变更、工期控制、协调配合与服务等情况。

14. 开展标后核查履约监管。各级住房城乡建设主管部门要定期开展标后核查，对中标人的投标承诺、招标人和中标人的合同履约情况进行监督，加强建筑市场和施工现场的“两场联动”管理；对中标人拒不履行合同约定义务的，可作为不良行为记入信用档案；加强房屋市政工程项目用工实名制信息的核查，对关键岗位和管理人员考勤信息异常的项目，可列为重点检查对象，加大现场检查频次，依法查处违法违规行为。

15. 实行标后评估。省住房城乡建设主管部门要研究制定标后评估工作导则；各地级以上市住房城乡建设主管部门要制定标后评估工作细则，通过自行组织或委托专业机构，对所监管项目的招标投标活动程序、文件合法合规性进行标后评估。经评估，发现涉嫌违法违规的，应及时核查处理，并将涉嫌违纪的线索移送纪检监察机关处理。

16. 防控廉政风险。各级住房城乡建设主管部门要严格执行领导干部插手干预招标投标的登记报告规定，加强招标投标廉政风险防控工作。依法必须招标项目的招标人，要在招标各环节中落实廉政风险防控措施，按内部规定向招标人内设或上级的纪检监察部门报备有关招标文件，主动接受监督。

## 四、保障措施

（一）加强组织领导。各地级以上市住房城乡建设主管部门要提高政治站位，把房屋市政工程招标投标改革作为重点工作，制定工作方案，完善工作机制，加大工作力度，层层压实责任，大力推进房屋市政工程领域招标投标制度改革，切实提升招标投标监管水平。

（二）明确职责分工。各地级以上市住房城乡建设主管部门要按照职责分工，加强房屋市政工程招标投标活动监督管理，依法履行招标投标过程监管、标后合同履约监管、组织评估及招标投标违法行为查处等职责；加强与纪委监委、发展改革、司法、审计等部门的联动协调，加大对围标串标、弄虚作假、标后违法分包转包等行为的查处打击力度。

（三）积极宣传引导。各地级以上市住房城乡建设主管部门要加强宣传引导，充分调动招标投标各方主体维护市场秩序的积极性，强化社会监督，共同推进我省招标投标制度改革。改革中遇到问题，要积极研究，主动解决，并及时向我厅报告，确保此项改革措施落地生根，取得实效。

广东省住房和城乡建设厅

2020 年 7 月 17 日

附录 6

## 广东省住房和城乡建设厅关于房屋建筑和市政基础设施工程施工过程结算的若干指导意见

各地级以上市住房城乡建设主管部门：

为加强房屋建筑和市政基础设施工程（以下简称房屋市政工程）造价行为监管，完善工程结算管理，有效解决拖欠工程款和拖欠农民工工资问题，优化市场环境，促进建筑业持续健康发展，根据《中华人民共和国合同法》《中华人民共和国建筑法》《中华人民共和国招标投标法》《广东省建设工程造价管理规定》《国务院办公厅关于促进建筑业持续健康发展的意见》（国办发〔2017〕19 号）、《国务院办公厅关于全面治理拖欠农民工工资问题的意见》（国办发〔2016〕1 号）等有关规定和要求，结合我省实际，我厅制定《广东省住房和城乡建设厅关于房屋建筑和市政基础设施工程施工过程结算的若干指导意见》（以下简称《指导意见》），现印发给你们，请你们依照《指导意见》要求推行本辖区的房屋市政工程的施工过程结算。

各地在执行中遇到问题请及时向我厅建筑市场监管处反映，我厅将根据情况适时修订完善。

广东省住房和城乡建设厅

2019 年 6 月 13 日

## 广东省住房和城乡建设厅关于房屋建筑和市政基础设施工程施工过程结算的若干指导意见

为加强房屋建筑和市政基础设施工程（以下简称房屋市政工程）造价行为监管，完善工程结算管理，有效解决拖欠工程款和拖欠农民工工资问题，优化市场环境，促进建筑业持续健康发展，根据《中华人民共和国合同法》《中华人民共和国建筑法》《中华人民共和国招标投标法》《广东省建设工程造价管理规定》《国务院办公厅关于促进建筑业持续健康发展的意见》（国办发〔2017〕19 号）、《国务院办公厅关于全面治理拖欠农民工工资问题的意见》（国办发〔2016〕1 号）等有关规定和要求，结合我省实际，现就我省房屋市政工程中推行施工过程结算提出如下指导意见。

### 一、总体要求

（一）指导思想。认真贯彻党的十九大精神和习近平新时代中国特色社会主义思想，以习近平总书记对广东工作的重要指示批示为统领，坚持创新、协调、绿色、开放、共享的发展理念，深化工程建设项目管理体制改革，积极探索房屋市政工程施工过程结算模式，创新和完善工程项目结算管理制度，提高工程建设管理水平和整体效益。

（二）工作原则和目标。坚持改革创新与规范管理相结合，以适应建设工程市场需求，推动房屋市政工程实施施工过程结算，完善工程结算管理制度，规范市场秩序，提升投资效益，确保工程质量安全；实现工程造价全过程动态控制，有效破解拖欠工程款和拖欠农民工工资问题，缩短竣工结算时间，促进建筑业持续健康发展。

（三）适用范围。我省行政区域内房屋市政工程均可实施施工过程结算；已开工工程，可由发承包双方协商签订补充协议，完善相关施工过程结算的内容和手续。

## 二、施工过程结算要点

（四）施工过程结算定义。施工过程结算是指工程项目实施过程中，发承包双方依据施工合同，对结算周期内完成的工程内容（包括现场签证、工程变更、索赔等）开展工程价款计算、调整、确认及支付等的活动。从事施工过程结算活动，应当遵循合法、合规、公平、诚实信用的原则，并遵守国家有关法律、法规和政策的规定。

（五）施工过程结算编审人。发承包双方可自行组织，也可以委托工程咨询机构（以下简称“咨询人”）编审施工过程结算文件。

除发承包双方共同委托外，咨询人不得就同一项目同时接受发承包两方的委托。

（六）施工过程结算合同约定。实行施工过程结算的项目，招标文件、施工合同应约定施工过程结算周期、计量计价方法、风险范围、验收要求，以及价款支付时间、程序、方法、比例等内容。

（七）施工过程结算周期节点。施工过程结算周期，可根据工程特点、工期长短及分部（工程）验收需要等，在招标文件中明确或经发承包双方同意后，按时间节点或工程进度节点约定。

（八）施工过程结算资料。施工过程结算的资料包括但不限于施工合同、补充协议、中标通知书、施工图纸、工程招标投标文件、施工方案、工程量及其单价以及各项费用计算、经确认的工程变更、现场签证、工程索赔等资料。

发承包双方应加强造价管控，做好工程签证记录工作，如实办理现场签证、工程变更、索赔等价款的计算、确认和支付。

（九）施工过程结算计量计价原则。施工过程结算应依据合同约定，对质量合格工程进行计量计价；质量不合格的工程经整改合格后可在当期施工过程结算中补充计量计价。经整改不合格或不整改的，发包人可依据合同约定，要求承包人支付违约金或者赔偿修理、返工、改建的合理费用。

因承包人原因造成返工的工程量可不予计量计价。

施工过程结算计量计价有争议的，争议部分按合同约定的争议方式处理，无争议部分应按合同约定进行计量计价。

（十）施工过程结算程序。承包人按照合同约定的施工过程结算周期，计算当期工程量及价款，并向发包人提交施工过程结算报告。发包人按照合同约定对承包人提交的施工过程结算报告进行审查核对。因发包人原因逾期未完成审核的，可按合同约定视同发包人认可承包人报送的施工过程结算报告。

因承包人原因未在约定期限内提交施工过程结算报告的，发包人可以依据合同约定并根据已有资料自行开展施工过程结算活动。

（十一）工程竣工结算报告。承包人按合同约定向发包人提交工程竣工结算报告，发包人按照合同约定的程序、时间进行审核确认。经发承包双方确认的施工过程结算文件是竣工结算文件组成之一。

承包人如未在规定时间内提供完整的工程竣工结算报告，经发包人催促后仍未提供或没有明确答复的，发包人可以依据合同约定并根据已有资料进行竣工结算。

（十二）施工过程结算支付。发包人按合同约定程序、时限、比例支付施工过程结算款；施工过程结算款支付比例没有约定或约定不明确的，可参照竣工结算支付比例确定；发包人需扣回的有关款项，应同期抵扣。施工过程结算款支付周期应与合同约定的施工过程结算周期一致。

已签发的施工过程结算支付证书有错漏或重复的，发承包双方应配合予以修正；经发承包双方复核并同意修正的，应在当期的过程结算或竣工结算中补充修正内容。

（十三）竣工结算支付。承包人依据经确认的工程竣工结算报告，向发包人申请工程竣工结算款支付。发包人收到结算款支付申请后，应在约定时限内办理支付。

（十四）工程结算支付责任。发包人超过约定时限不支付工程施工过程结算或竣工结算款项的，承包人应及时向发包人发出要求付款通知。发包人收到承包人通知后不能按时付款的，可与承包人协商签订延期付款协议，经承包人同意后可延期支付，协议应明确延期支付的时间和利息事项。

发承包双方达不成延期付款协议的，承包人可按合同和发包人提交的支付担保文件约定，要求提供支付担保的保证人支付发包人应支付的施工过程结算或竣工结算价款，也可与发包人协商，以抵押偿付方式将该工程折价，还可申请人民法院将该工程依法拍卖，承包人就该工程折价或者拍卖的价款优先受偿。

（十五）施工过程结算暂定意见。发承包双方对施工过程结算不能达成一致意见的，双方可委托第三方提出暂定结算意见。发承包双方收到第三方暂定结算意见后，在约定时间内，对暂定结算意见予以确认或提出异议。发承包双方同意暂定结算意见的，应以书面形式确认。发承包双方同意的暂定结算意见作为结算依据，对发承包双方都有约束力，直到其被改变为止。如合同双方或一方不同意暂定结算意见的，应以书面形式向第三方提出，同时抄送另一方。实施暂定结算意见不对合同履约产生重大影响和风险的，发承包双方应实施暂定结算意见，直至其被改变或确认为止。暂定结算意见应在竣工结算前被最终确认或修改，并在被确认或修改的当期调整结算价款。

（十六）工程结算争议处理。施工过程结算和竣工结算的争议按合同约定处理。合同没有约定或约定不明确的，发承包双方可就有争议部分共同提请项目所在地造价管理部门、工程造价社会组织进行指导协调，也可聘请咨询人进行咨询协调，还可申请人民调解员调解。指导、咨询、协调和调解活动应遵循合法、合规、平等、诚实信用的原则。

无争议部分的施工过程结算和竣工结算价款，由发包人依据合同约定进行支付。

（十七）全过程造价管理。鼓励工程项目实行施工过程结算，建立健全工程造价全过程管理制度。实施施工过程结算的工程项目，可在全过程造价管控中分解施工过程结算周期的造价目标，并采取有效措施管控工程项目的总投资。

鼓励咨询人在全过程咨询服务中应用 BIM 等新技术。

## 三、工作措施

（十八）施工过程结算组织管理。省住房城乡建设主管部门负责全省房屋市政工程施工过程结算活动的监督管理，县级以上住房城乡建设主管部门按职责权限，负责本行政区域范围内房屋市政工程施工过程结算活动的监督管理。

（十九）施工过程结算活动监管。县级以上住房城乡建设主管部门应加强对施工过程结算活动的监督和指导，对实行施工过程结算的项目，可根据实际情况在行政审批、日常检查、专项检查等方面依法给予简化程序、降低抽查频次等激励措施。发包、承包、招标代理、监理、造价咨询等单位因违规行为影响施工过程结算的，各级住房城乡建设主管部门要依法依规严肃处理。

（二十）加强引导和宣传。各地住房城乡建设主管部门应积极引导建设单位推行施工过程结算，鼓励聘请咨询人开展全过程造价咨询服务，总结施工过程结算实施经验和宣传典型案例，有力推动施工过程结算全面深入开展。

附录 7

## 广东省住房和城乡建设厅关于香港工程建设咨询企业和专业人士在粤港澳大湾区内地城市开业执业试点管理暂行办法

各地级以上市住房城乡建设局，广州、深圳、佛山、惠州、东莞、中山市交通运输局，佛山、东莞市轨道交通局，广州、深圳、珠海、河源、东莞、中山、阳江、湛江、茂名市水务局，清远市水利局：

为切实推进粤港澳大湾区建设，落实内地与香港关于建立更紧密经贸关系的安排（CEPA）对香港服务业开放措施，进一步扩大建筑及相关工程领域对香港业界的开放，规范香港工程建设咨询企业和专业人士在粤港澳大湾区内地城市开业执业试点工作，根据《粤港澳大湾区发展规划纲要》的有关要求以及住房城乡建设部的有关工作安排，我厅制定了《广东省住房和城乡建设厅关于香港工程建设咨询企业和专业人士在粤港澳大湾区内地城市开业执业试点管理暂行办法》，现印发给你们，请结合本地区实际，认真贯彻执行。执行过程中遇有问题，请及时向我厅报告。

特此通知。

广东省住房和城乡建设厅

2020 年 11 月 26 日

## 广东省住房和城乡建设厅关于香港工程建设咨询企业和专业人士在粤港澳大湾区内地城市开业执业试点管理暂行办法

**第一条** 为切实推进粤港澳大湾区建设，落实内地与香港关于建立更紧密经贸关系的安排（CEPA）对香港服务业开放措施，进一步扩大建筑及相关工程领域对香港业界的开放，规范香港工程建设咨询企业和专业人士在粤港澳大湾区内地城市开业执业试点工作，根据《粤港澳大湾区发展规划纲要》的有关要求，结合我省实际，制定本办法。

**第二条** 取得香港工程建设咨询从业资格的企业（以下简称香港企业），具备以下备案条件并按本办法规定备案，可以在粤港澳大湾区内地城市范围内开业（以下简称开业），为市场主体直接提供服务：

（一）从事建筑勘察、设计、监理、造价、房地产估价等工程建设咨询业务（内地法律、法规暂不允许的除外）的企业，主要包括工程建设顾问公司、建筑师事务所、测量师事务所、园境师事务所等；

（二）已在香港进行商业登记，并在登记有效期内；

（三）在香港连续开展工程建设咨询业务不少于 2 年；

（四）列入香港建筑署《建筑及有关顾问公司遴选委员会顾问公司名单》，或者香港土木工程拓展署《工程及有关顾问公司遴选委员会顾问公司名单》；

（五）已购买职业责任专业保险的理赔覆盖地域范围包含粤港澳大湾区内地城市，或者承诺在承接工程业务后 2 个月内补交理赔覆盖地域范围包含粤港澳大湾区内地城市的职业责任专业保险材料。

**第三条** 取得香港工程建设咨询执业资格的专业人士（以下简称香港专业人士），具备以下备案条件并按本办法规定备案，可以在粤港澳大湾区内地城市范围内执业（以下简称执业），为市场主体直接提供服务：

（一）从事建筑勘察、设计、监理、造价、房地产估价等工程建设咨询业务（内地法律、法规暂不允许的除外）的专业人士，主要包括香港工程建设咨询领域的注册工程师、注册建筑师、注册测量师以及注册园境师等；

（二）具有香港居民身份；

（三）在香港相关注册管理局合法注册，并在注册有效期内。

**第四条** 广东省住房和城乡建设主管部门负责受理备案申请。备案申请人提供的材料应当经香港特别行政区政府发展局或工务部门认可，或者经内地公证机构公证。

**第五条** 香港企业申请备案应提供以下材料：

（一）《香港企业在粤港澳大湾区内地城市开业备案申请表》（附件 1）；

（二）在香港进行商业登记的证明文书；

（三）企业代表工程业绩的证明材料及公证文书（应尽可能提供中文版本）；

（四）列入香港建筑署《建筑及有关顾问公司遴选委员会顾问公司名单》，或者香港土木工程拓展署《工程及有关顾问公司遴选委员会顾问公司名单》的证明文书；

（五）职业责任专业保险材料（应尽可能提供中文版本），或者承诺在承接工程业务后 2 个月内补交《香港企业职业责任专业保险提交承诺书》（附件 2）。

上述材料除第（一）项外，均以原件扫描方式提供。

**第六条** 香港专业人士申请备案应提供以下材料：

（一）《香港专业人士在粤港澳大湾区内地城市执业备案申请表》（附件 3）；

（二）香港居民身份证；

（三）在香港相关注册管理局合法注册的证明文书（卡）；

（四）劳动合同或在职证明文书（应尽可能提供中文版本）。

上述材料除第（一）项外，均以原件扫描方式提供。

**第七条** 备案采取网上申请方式，在广东建设信息网（网址：www. gdcic. net）“香港企业和香港专业人士在粤港澳大湾区内地城市开业执业备案管理平台”填报信息和上传材料。其中，香港企业以及该企业专业人士的备案申请由该企业统一办理，加入内地企业的香港专业人士的备案申请由该内地企业办理。

**第八条** 经备案的香港企业和香港专业人士开业执业的业务范围，遵循业务内容相近原则，对照内地企业和内地注册执业人员的业务范围确定。

香港企业和香港专业人士申请备案时，应当按照业务范围对照表（详见附件4、附件5）选择相应业务范围。对备案申请中选择的业务范围与对照表不一致的，广东省住房和城乡建设主管部门应当指出并引导申请人做相应调整。

**第九条** 符合备案条件的，广东省住房和城乡建设主管部门应当在10个工作日内予以备案，备案信息在广东建设信息网予以公布。

经备案的香港企业和香港专业人士应当在备案的业务范围内开业执业。

**第十条** 备案有效期与香港企业登记和香港专业人士注册有效期一致。香港企业和香港专业人士发生以下备案信息变更时，应当自发生变更之日起30日内在网上申请变更。逾期未变更的，原备案自动失效。

（一）香港企业名称变更；

（二）香港企业在香港的业务范围变更；

（三）香港专业人士在香港的业务范围变更；

（四）其他重要信息变更。

**第十一条** 经备案的香港企业和香港专业人士在备案的业务范围内开业执业的，粤港澳大湾区内地城市各级住房和城乡建设主管部门应当予以认可。

**第十二条** 经备案的香港专业人士在粤港澳大湾区内地城市执业，应当加入香港企业或者具备相应资质的内地企业。香港专业人士提供需要加盖内地执业印章的专业服务时，有关图纸及文件应当由香港专业人士签字并加盖其所加入企业的公司印章。

**第十三条** 经备案的香港企业和香港专业人士开业执业，应当符合内地技术标准和规范，并遵守内地法律、法规、规章相关规定。广东省住房和城乡建设主管部门应当定期梳理内地相关管理措施并在广东建设信息网公开，方便香港企业和香港专业人士查阅。

没有明确的国家、行业及地方技术标准和规范的，经备案的香港企业根据香港或者国外现行的技术标准规范、施工工法或者最优工程实践提出技术方案，按有关规定经组织论证通过后，可以在建设项目中采用。

**第十四条** 经备案的香港企业为建设项目提供勘察、设计、监理以及全过程咨询、工程总承包等服务的，香港企业负责人应当在项目开工建设前签署授权书，明确该企业项目负责人。经备案的香港专业人士担任项目负责人，其备案的业务范围应当与工程项目相符，并对工程项目依法承担相应责任。

**第十五条** 经备案的香港企业应当加强对该企业从业人员履职情况的检查。

发现履职不到位的，应当及时予以纠正，或者按照规定程序更换符合条件的从业人员。

**第十六条** 粤港澳大湾区内地城市各级住房和城乡建设主管部门应当按照内地法律、法规、规章规定及标准规范要求，对经备案的香港企业和香港专业人士的开业执业活动实施监督管理。发现存在违法违规行为的，应当参照内地对企业和人员的管理规定依法进行处罚，并将处罚信息录入广东省建筑市场监管公共服务平台。

经备案的香港企业和香港专业人士开业执业的违法违规行为，达到内地法律法规规定应被处以降低资质等级、吊销资质资格证书的程度的，违法违规行为发生地的市住房和城乡建设主管部门应当在查证核实后上报广东省住房和城乡建设主管部门。广东省住房和城乡建设主管部门应当对其备案信息注明失效。

**第十七条** 未经备案的香港企业和香港专业人士在粤港澳大湾区内地城市直接提供服务开业执业的，或者经备案的香港企业和香港专业人士超出备案的业务范围开业执业的，粤港澳大湾区内地城市各级住房和城乡建设主管部门应当不予认可，并按照内地未取得资质证书承揽业务和未取得资格证书擅自执业或者超越资质资格等级承揽业务的相关规定予以处罚。

**第十八条** 经备案的香港企业和香港专业人士应当支持、配合粤港澳大湾区内地城市各级住房和城乡建设主管部门开展的监督检查工作，不得拒绝或者阻碍监督检查人员依法执行职务。

**第十九条** 粤港澳大湾区内地城市各级住房和城乡建设主管部门应当将经备案的香港企业和香港专业人士纳入内地企业和人员信用管理制度，将经备案的香港企业和香港专业人士的从业情况在门户网站予以公示，并推送至广东省建筑市场监管公共服务平台。

**第二十条** 广东省住房和城乡建设主管部门商请香港特别行政区政府发展局建立畅通的联系机制和信息共享机制，共建施行本办法的香港企业和香港专业人士信用管理机制。

**第二十一条** 通过互认取得内地工程建设类执业资格并且在内地办理注册执业的香港工程建设咨询人员的执业，按内地注册执业人员管理，无需备案。

**第二十二条** 粤港澳大湾区内地城市住房和城乡建设主管部门可以根据有关法律法规和本办法，结合本地实际情况，制定实施细则。

**第二十三条** 本办法自 2021 年 1 月 1 日起施行，有效期 3 年。有效期届满前，根据实际情况评估修订。

附件：

1. 香港企业在粤港澳大湾区内地城市开业备案申请表
2. 香港企业职业责任专业保险提交承诺书
3. 香港专业人士在粤港澳大湾区内地城市执业备案申请表
4. 香港企业与内地企业业务范围对照表
5. 香港专业人士与内地注册执业人员业务范围对照表

## 附件 1

# 香港企业在粤港澳大湾区内地城市开业备案申请表

<table>
<tr><td colspan="8">基本资料</td></tr>
<tr><td rowspan="2">企业名称</td><td>中文</td><td colspan="6"></td></tr>
<tr><td>英文</td><td colspan="6"></td></tr>
<tr><td colspan="2">企业负责人</td><td colspan="3"></td><td>职务</td><td colspan="2"></td></tr>
<tr><td colspan="2">通信地址</td><td colspan="6"></td></tr>
<tr><td colspan="2">联系电话</td><td colspan="3"></td><td>传真</td><td colspan="2"></td></tr>
<tr><td colspan="2">电子邮箱</td><td colspan="6"></td></tr>
<tr><td colspan="2">企业商业登记编号</td><td colspan="2"></td><td>生效日期</td><td></td><td>届满日期</td><td></td></tr>
<tr><td colspan="2" rowspan="2">企业注册信息（如有多种注册，网上填报可按实增加）</td><td>注册编号</td><td></td><td>生效日期</td><td></td><td>届满日期</td><td></td></tr>
<tr><td>从业资格及业务范围</td><td colspan="5"></td></tr>
<tr><td colspan="2" rowspan="3">企业专业技术人员情况</td><td colspan="2">类型</td><td colspan="4">数量（人）</td></tr>
<tr><td colspan="2">建筑师<br>屋宇设备工程师<br>建筑测量师<br>土木工程师<br>电气工程师<br>岩土工程师<br>室内设计师<br>景观设计师<br>机械工程师<br>规划师<br>工料测量师<br>结构工程师<br>其他（请说明）</td><td colspan="4">______<br>______<br>______<br>______<br>______<br>______<br>______<br>______<br>______<br>______<br>______<br>______<br>______</td></tr>
<tr><td colspan="2">合计</td><td colspan="4"></td></tr>
</table>

续表

<table>
<tr><th colspan="6">基本资料</th></tr>
<tr><td rowspan="5">企业代表业绩（网上填报可按实增加，每项均需上传相应的证明材料及公证文书）</td><td>工程名称与地址</td><td>服务内容</td><td colspan="2">工程合同额（按合同约定币种）</td><td>完成时间</td></tr>
<tr><td>1.</td><td></td><td colspan="2"></td><td></td></tr>
<tr><td>2.</td><td></td><td colspan="2"></td><td></td></tr>
<tr><td>3.</td><td></td><td colspan="2"></td><td></td></tr>
<tr><td>……</td><td></td><td colspan="2"></td><td></td></tr>
<tr><td>企业职业责任专业保险是否覆盖粤港澳大湾区内地城市</td><td colspan="5">请在系统上传职业责任专业保险材料（原文及中文版本），或者提交承诺在承接工程业务后两个月内补交职业责任专业保险材料的承诺书</td></tr>
<tr><td>内地事务负责人</td><td></td><td>性别</td><td></td><td>职务</td><td></td></tr>
<tr><td>香港居民身份证号</td><td colspan="2"></td><td>来往内地通行证号</td><td colspan="2"></td></tr>
<tr><td>联系电话</td><td colspan="2"></td><td>移动电话</td><td colspan="2"></td></tr>
<tr><td>通信地址</td><td colspan="5"></td></tr>
<tr><td>电子邮箱</td><td colspan="5"></td></tr>
<tr><th colspan="6">备案事项</th></tr>
<tr><td rowspan="2">申请备案业务范围（网上填报可按实增加）</td><td>类型（勘察、设计、监理、造价、房地产估价等）</td><td colspan="4"></td></tr>
<tr><td>资质类别</td><td></td><td>等级</td><td colspan="2"></td></tr>
<tr><th colspan="6">申报声明</th></tr>
</table>

本企业对申请表内容及附件材料的真实性负责，并承诺遵守内地法律法规，接受内地住房城乡建设主管部门的监管，如材料虚假或存在违规违法行为，愿意承担由此产生的一切法律后果。

企业负责人（签名）：　　　　公司（印章）：

日期：

附件 2

# 香港企业职业责任专业保险提交承诺书

本企业承诺在承揽工程后两个月内，提交职业责任专业保险材料，并保证所提交的材料均真实、有效。

承诺企业（盖章）：____________________

企业负责人（签字）：__________________

年　　月　　日

附件 3

# 香港专业人士在粤港澳大湾区内地城市执业备案申请表

<table>
<tr><td colspan="8">基本资料</td></tr>
<tr><td rowspan="2">姓名</td><td>中文</td><td colspan="3"></td><td>性别</td><td colspan="2"></td></tr>
<tr><td>英文</td><td colspan="3"></td><td>出生日期</td><td colspan="2"></td></tr>
<tr><td colspan="2">学历</td><td></td><td>电话/移动电话</td><td></td><td>电子邮箱</td><td colspan="2"></td></tr>
<tr><td colspan="2">通信地址</td><td colspan="3"></td><td>传真</td><td colspan="2"></td></tr>
<tr><td colspan="2">香港居民身份证号</td><td></td><td>来往内地通行证号</td><td colspan="4"></td></tr>
<tr><td colspan="2">所任职的香港企业名称</td><td colspan="3"></td><td>本人职务</td><td colspan="2"></td></tr>
<tr><td colspan="2">所加入的学(协)会</td><td></td><td>身份(指资深会员、会员、副会员等)</td><td></td><td>所任职务(如有)</td><td colspan="2"></td></tr>
<tr><td colspan="2" rowspan="3">执业资格信息(如有多种资格,网上填报可按实增加)</td><td>专业资格</td><td colspan="2"></td><td>专业组别(如有)</td><td colspan="2"></td></tr>
<tr><td>证书编号</td><td colspan="2"></td><td>有效期</td><td colspan="2"></td></tr>
<tr><td>业务范围</td><td colspan="5"></td></tr>
<tr><td colspan="2">获取内地注册执业资格情况(如有)</td><td colspan="6"></td></tr>
<tr><td colspan="2">个人履历</td><td colspan="6">(应包含教育经历、相关工作经历及聘用机构、聘用日期、职衔等信息)</td></tr>
<tr><td colspan="2">个人代表业绩(网上填报可按实增加,每项均需上传相应的证明材料)</td><td>工程名称与地址</td><td colspan="2">工程合同额(按合同约定币种)</td><td>本人项目任职及服务内容</td><td colspan="2">完成时间</td></tr>
<tr><td colspan="8">备案事项</td></tr>
<tr><td colspan="2">申请备案资格业务范围(网上填报可按实增加)</td><td>执业资格类别</td><td colspan="2"></td><td>等级</td><td colspan="2"></td></tr>
<tr><td colspan="8">申报声明</td></tr>
</table>

本人对申请表内容及附件材料的真实性负责,并承诺遵守内地法律法规,接受内地住房和城乡建设主管部门的监管,如材料虚假或存在违规违法行为,愿意承担由此产生的一切法律后果。

申请人(签名):　　　　　　　　　　　　日期:

## 附件 4

# 香港企业与内地企业业务范围对照表（一）

<table>
<tr><th colspan="3">香港建筑署《建筑及有关顾问公司遴选委员会顾问公司名单》所列专业机构</th><th colspan="2">内地企业</th></tr>
<tr><th>类别</th><th>分组</th><th>业务范围</th><th>资质</th><th>业务范围</th></tr>
<tr><td rowspan="2">建筑</td><td>第一组</td><td>工程估值超过3亿港元</td><td>建筑设计事务所</td><td rowspan="2">1. 可以承接所有等级的各类建筑工程项目方案设计、初步设计及施工图设计中的建筑专业设计与技术服务。<br>2. 取得设计事务所资质的企业可以根据工程的类别和性质作为承包方对建筑工程项目的设计实行总包。承包方应当自行完成建筑工程本专业的设计业务，并在保证整个建筑工程项目完整性的前提下，经发包方同意，将其他部分专业设计业务发包给具有相应资质的分包方</td></tr>
<tr><td>第二组</td><td>工程估值不超过3亿港元</td><td>建筑设计事务所（工程估值不超过3亿港元）</td></tr>
<tr><td rowspan="2">结构工程</td><td>第一组</td><td>工程估值超过3亿港元</td><td>结构设计事务所</td><td rowspan="2">1. 可以承接所有等级的各类建筑工程项目方案设计、初步设计及施工图设计中的结构专业（包括轻钢结构）设计与技术服务。<br>2. 取得设计事务所资质的企业可以根据工程的类别和性质作为承包方对建筑工程项目的设计实行总包。承包方应当自行完成建筑工程本专业的设计业务，并在保证整个建筑工程项目完整性的前提下，经发包方同意，将其他部分专业设计业务发包给具有相应资质的分包方</td></tr>
<tr><td>第二组</td><td>工程估值不超过3亿港元</td><td>结构设计事务所（工程估值不超过3亿港元）</td></tr>
</table>

续表

<table>
<tr><th colspan="3">香港建筑署《建筑及有关顾问公司遴选委员会顾问公司名单》所列专业机构</th><th colspan="2">内地企业</th></tr>
<tr><th>类别</th><th>分组</th><th>业务范围</th><th>资质</th><th>业务范围</th></tr>
<tr><td rowspan="2">屋宇装备</td><td>第一组</td><td>工程估值超过3亿港元</td><td>机电设计事务所</td><td rowspan="2">1. 可以承接所有等级的各类建筑工程(包括建筑智能化设计)方案设计、初步设计及施工图设计中的机电设备专业的设计与技术服务。<br>2. 取得设计事务所资质的企业可以根据工程的类别和性质作为承包方对建筑工程项目的设计实行总包。承包方应当自行完成建筑工程本专业的设计业务，并在保证整个建筑工程项目完整性的前提下，经发包方同意，将其他部分专业设计业务发包给具有相应资质的分包方</td></tr>
<tr><td>第二组</td><td>工程估值不超过3亿港元</td><td>机电设计事务所(工程估值不超过3亿港元)</td></tr>
<tr><td>园林建筑</td><td>不分组</td><td>工程估值无限制</td><td>风景园林工程设计专项甲级</td><td>承担风景园林工程专项设计的类型和规模不受限制</td></tr>
<tr><td rowspan="2">工料测量</td><td>第一组</td><td>工程估值超过3亿港元</td><td>工程造价咨询企业甲级</td><td>可以从事各类建设项目的工程造价咨询业务</td></tr>
<tr><td>第二组</td><td>工程估值不超过3亿港元</td><td>工程造价咨询企业乙级</td><td>可以从事工程造价5000万元人民币以下的各类建设项目的工程造价咨询业务</td></tr>
<tr><td>建筑测量</td><td>不分组</td><td>工程估值无限制</td><td>工程监理企业(房屋建筑工程)甲级</td><td>可承担相应专业工程类别建设工程项目的工程监理业务</td></tr>
<tr><td colspan="3">同时为建筑、结构、屋宇装备类别第一组的专业机构</td><td>建筑工程设计专业甲级</td><td>可承担本专业建设工程项目主体工程及其配套工程的设计业务，其规模不受限制</td></tr>
</table>

# 香港企业与内地企业业务范围对照表（二）

<table>
<tr><th colspan="3">香港土木工程拓展署《工程及有关顾问公司遴选委员会顾问公司名单》所列专业机构</th><th colspan="2">内地企业</th></tr>
<tr><th>类别</th><th>分组</th><th>业务范围</th><th>资质</th><th>业务范围</th></tr>
<tr><td rowspan="3">基建及发展</td><td>第一组</td><td>顾问费用不超过500万港元</td><td>市政工程设计行业乙级</td><td>承担本行业中小型建设工程项目的主体工程及其配套工程的设计业务</td></tr>
<tr><td>第二组</td><td>顾问费用超过500万港元但不超过1000万港元</td><td>市政工程设计行业乙级</td><td>承担本行业中小型建设工程项目的主体工程及其配套工程的设计业务</td></tr>
<tr><td>第三组</td><td>顾问费用超过1000万港元</td><td>市政工程设计行业甲级</td><td>承担本行业建设工程项目主体工程及其配套工程的设计业务，其规模不受限制</td></tr>
<tr><td rowspan="3">排水及污水</td><td>第一组</td><td>顾问费用不超过500万港元</td><td>排水工程设计专业丙级</td><td>承担本专业小型建设工程项目的主体工程及其配套工程的设计业务</td></tr>
<tr><td>第二组</td><td>顾问费用超过500万港元但不超过1000万港元</td><td>排水工程设计专业乙级</td><td>承担本专业中小型建设工程项目的主体工程及其配套工程的设计业务</td></tr>
<tr><td>第三组</td><td>顾问费用超过1000万港元</td><td>排水工程设计专业甲级</td><td>承担本专业建设工程项目主体工程及其配套工程的设计业务，其规模不受限制</td></tr>
<tr><td rowspan="2">机电</td><td>第一组</td><td>顾问费用不超过500万港元</td><td>机电设计事务所甲级资质（顾问费用不超过500万港元）</td><td rowspan="2">1. 可以承接所有等级的各类建筑工程（包括建筑智能化设计）方案设计、初步设计及施工图设计中的机电设备专业的设计与技术服务。<br>2. 取得设计事务所资质的企业可以根据工程的类别和性质作为承包方对建筑工程项目的设计实行总包。承包方应当自行完成建筑工程本专业的设计业务，并在保证整个建筑工程项目完整性的前提下，经发包方同意，将其他部分专业设计业务发包给具有相应资质的分包方</td></tr>
<tr><td>第二组</td><td>顾问费用超过500万港元</td><td>机电设计事务所甲级资质</td></tr>
</table>

续表

| 香港土木工程拓展署《工程及有关顾问公司遴选委员会顾问公司名单》所列专业机构 | | | 内地企业 | |
|---|---|---|---|---|
| 类别 | 分组 | 业务范围 | 资质 | 业务范围 |
| 环境 | 第一组 | 顾问费用不超过500万港元 | 环境工程设计专项乙级 | 可承担中型以下规模环境工程(含建筑物和非标准设备等)专项设计 |
| | 第二组 | 顾问费用超过500万港元 | 环境工程设计专项甲级 | 可承担各类环境工程(含建筑物和非标准设备等)专项设计，规模不受限制 |
| 岩土和斜坡 | 第一组 | 顾问费用不超过500万港元 | 工程勘察岩土工程专业乙级 | 可承担本专业勘察中小型工程项目。岩土工程是指：1. 岩土工程勘察；2. 岩土工程设计；3. 岩土工程测试、监测、检测；4. 岩土工程咨询、监理；5. 岩土工程治理 |
| | 第二组 | 顾问费用超过500万港元但不超过1000万港元 | 工程勘察岩土工程专业乙级 | 可承担本专业勘察中小型工程项目。岩土工程是指：1. 岩土工程勘察；2. 岩土工程设计；3. 岩土工程测试、监测、检测；4. 岩土工程咨询、监理；5. 岩土工程治理 |
| | 第三组 | 顾问费用超过1000万港元 | 工程勘察岩土工程专业甲级 | 可承担本专业勘察业务范围。岩土工程是指：1. 岩土工程勘察；2. 岩土工程设计；3. 岩土工程测试、监测、检测；4. 岩土工程咨询、监理；5. 岩土工程治理 |
| 道路及相关结构 | 第一组 | 顾问费用不超过500万港元 | 道路工程设计专业丙级 | 承担本专业小型建设工程项目的主体工程及其配套工程的设计业务 |
| | 第二组 | 顾问费用超过500万港元但不超过1000万港元 | 道路工程设计专业乙级 | 承担本专业中小型建设工程项目的主体工程及其配套工程的设计业务 |
| | 第三组 | 顾问费用超过1000万港元 | 道路工程设计专业甲级 | 承担本专业建设工程项目主体工程及其配套工程的设计业务，其规模不受限制 |
| 交通运输 | 第一组 | 顾问费用不超过500万港元 | 公共交通工程设计专业乙级 | 承担本专业中小型建设工程项目的主体工程及其配套工程的设计业务 |
| | 第二组 | 顾问费用超过500万港元 | 公共交通工程设计专业甲级 | 承担本专业建设工程项目主体工程及其配套工程的设计业务，其规模不受限制 |

续表

| 香港土木工程拓展署《工程及有关顾问公司遴选委员会顾问公司名单》所列专业机构 | | | 内地企业 | |
|---|---|---|---|---|
| 类别 | 分组 | 业务范围 | 资质 | 业务范围 |
| 水务 | 第一组 | 顾问费用不超过500万港元 | 给/排水工程设计专业丙级 | 承担本专业小型建设工程项目的主体工程及其配套工程的设计业务 |
| | 第二组 | 顾问费用超过500万港元但不超过1000万港元 | 给/排水工程设计专业乙级 | 承担本专业中小型建设工程项目的主体工程及其配套工程的设计业务 |
| | 第三组 | 顾问费用超过1000万港元 | 给/排水工程设计专业甲级 | 承担本专业建设工程项目主体工程及其配套工程的设计业务，其规模不受限制 |

# 附件 5

## 香港专业人士与内地注册执业人员业务范围对照表

| 香港相关注册管理局合法注册的专业人士 | | 内地注册执业人员 | |
|---|---|---|---|
| 资格 | 业务范围 | 资格 | 业务范围 |
| 香港建筑师注册管理局注册的建筑师 | 任何工程图则设计、咨询等 | 一级注册建筑师 | 1. 建筑设计；<br>2. 建筑设计技术咨询；<br>3. 建筑物调查与鉴定；<br>4. 对本人主持设计的项目进行施工指导和监督；<br>5. 国务院建设主管部门规定的其他业务。<br>一级注册建筑师的执业范围不受工程项目规模和工程复杂程度的限制 |
| 香港工程师注册管理局注册的结构组别的专业工程师 | 1. 根据不同专业工程界别，从事相应工程领域工作。<br>2. 注册结构工程师须作出所需的定期监督和进行所需的检查，以确保结构工程按照批准图则进行，并遵从监工计划书（如需要）及建筑事务监督所作的有关命令 | 一级注册结构工程师 | 1. 本专业工程设计；<br>2. 本专业工程技术咨询；<br>3. 本专业工程招标、采购咨询；<br>4. 本专业工程的项目管理；<br>5. 对本专业工程设计项目的施工进行指导和监督；<br>6. 国务院有关部门规定的其他业务 |
| 香港工程师注册管理局注册的土木组别的岩土专业工程师 | 1. 根据不同专业工程界别，从事相应工程领域工作。<br>2. 注册岩土工程师须作出所需的定期监督和进行所需的检查，以确保岩土工程按照批准图则进行，并遵从监工计划书（如需要）及建筑事务监督所作的有关命令 | 一级注册土木工程师（岩土） | 1. 工程勘察或者本专业工程设计；<br>2. 本专业工程技术咨询；<br>3. 本专业工程招标、采购咨询；<br>4. 本专业工程的项目管理；<br>5. 对工程勘察或者本专业工程设计项目的施工进行指导和监督；<br>6. 国务院有关部门规定的其他业务 |

续表

| 香港相关注册管理局合法注册的专业人士 | | 内地注册执业人员 | |
|---|---|---|---|
| 资格 | 业务范围 | 资格 | 业务范围 |
| 香港工程师注册管理局注册的电机组别的专业工程师 | 1. 根据不同专业工程界别，从事相应工程领域工作。<br>2. 有关电机工程图则设计、咨询等。<br>3. 注册专业工程师（电机）须作出所需的定期监督和进行所需的检查，以确保电机工程按照批准图则进行，并遵从监工计划（如需要）及建筑事务监督所作的有关命令 | 注册电气工程师 | 1. 本专业工程设计；<br>2. 本专业工程技术咨询；<br>3. 本专业工程招标、采购咨询；<br>4. 本专业工程专案管理；<br>5. 对本专业工程设计专案的施工进行指导和监督；<br>6. 国务院有关部门规定的其他业务 |
| 香港工程师注册管理局注册的屋宇装备组别的专业工程师 | 1. 根据不同专业工程界别，从事相应工程领域工作。<br>2. 有关屋宇装备工程图则设计、咨询等。<br>3. 注册专业工程师（屋宇装备）须作出所需的定期监督和进行所需的检查，以确保屋宇装备工程按照批准图则进行，并遵从监工计划书（如需要）及建筑事务监督所作的有关命令 | 注册公用设备工程师（暖通空调）、注册公用设备工程师（给水排水） | 1. 本专业工程设计；<br>2. 本专业工程技术咨询；<br>3. 本专业工程招标、采购咨询；<br>4. 本专业工程的专案管理；<br>5. 对本专业工程设计专案的施工进行指导和监督；<br>6. 国务院有关部门规定的其他业务 |
| 香港测量师注册管理局注册的工料测量组别的专业测量师 | 根据不同专业组别，从事工料测量相应工程领域工作 | 一级注册造价工程师 | 执业范围包括建设项目全过程的工程造价管理与咨询等，具体工作内容：<br>1. 项目建议书、可行性研究投资估算与审核，项目评价造价分析；<br>2. 建设工程设计概算、施工预算编制和审核；<br>3. 建设工程招标投标文件工程量和造价的编制与审核；<br>4. 建设工程合同价款、结算价款、竣工决算价款的编制与管理；<br>5. 建设工程审计、仲裁、诉讼、保险中的造价鉴定，工程造价纠纷调解；<br>6. 建设工程计价依据、造价指标的编制与管理；<br>7. 与工程造价管理有关的其他事项 |

续表

| 香港相关注册管理局合法注册的专业人士 | | 内地注册执业人员 | |
|---|---|---|---|
| 资格 | 业务范围 | 资格 | 业务范围 |
| 香港测量师注册管理局注册的建筑测量组别的专业测量师 | 根据不同专业组别，从事建筑测量相应工程领域工作 | 注册监理工程师 | 可以从事工程监理、工程经济与技术咨询、工程招标与采购咨询、工程项目管理服务以及国务院有关部门规定的其他业务 |
| 香港测量师注册管理局注册的产业测量组别的专业测量师 | 根据不同专业组别，从事产业测量相应工程领域工作 | 房地产估价师 | 开展与其聘用单位业务范围相符的房地产估价活动 |

附录 8

# 广东省建设培育产教融合型企业工作方案

为深入贯彻落实习近平总书记关于教育的重要论述，深化产教融合、校企合作，发挥企业在产教协同育人中的重要主体作用，按照国家发展改革委和教育部关于《建设产教融合型企业实施办法（试行）》（发改社会〔2019〕590 号）的工作部署，经研究，拟开展我省产教融合型企业建设培育工作，现提出如下工作方案。

## 一、建设目标

建设培育产教融合型企业旨在发挥企业在职业教育和高等教育办学、改革中的重要作用，提升我省技术技能人才培养质量，增强教育服务粤港澳大湾区和“一核一带一区”建设发展能力。重点建设培育主动推进制造业转型升级的优质企业，以及新一代信息技术、高端装备制造、绿色低碳、生物医药、数字经济、新材料、海洋经济等重点产业企业，以及家政、养老、托幼、健康、旅游等现代服务领域的龙头企业。主营业务为教育培训服务的企业原则上不纳入建设培育范围。力争到 2020 年，建设培育 100 家以上的产教融合型企业，发挥企业引领示范作用，推动重点产业领域深化产教融合。

## 二、建设条件

在广东省内（深圳除外）注册的法人企业，通过独资、合资、合作等方式，利用资本、技术、知识、设施、管理等要素，依法举办或参与举办职业教育（含技工教育，下同）、高等教育，在实训基地、学科专业、教学课程建设和技术研发等方面稳定开展校企合作或产教融合服务，并具备以下条件之一。

（一）独立举办或作为重要举办者参与举办职业院校（含技工院校，下同）或高等学校以及职业培训机构；或者通过企业大学等形式，面向社会开展技术技能培训服务；或者参与组建行业性或区域性产教融合（职业教育）集团。

（二）开展现代学徒制或新型学徒制培训工作；或者近 3 年内接收职业院校或高等学校学生（含军队院校专业技术学员）开展每年 3 个月以上实习实训累计达 60 人以上。

（三）承担实施 1＋X（学历证书＋职业技能等级证书）制度或者职业技能等级认定试点任务。

（四）与有关职业院校或高等学校开展有实质内容、具体项目的校企合作，通过订单班等形式共建 3 个以上学科专业点。

（五）以校企合作等方式共建实践教学基地、协同育人平台、协同创新中心、工程研究中心或产教融合实习实训基地，或者捐赠本科高校、职业院校教学设施设备，资助本科高校、职业院校开展校企合作协同育人项目等，近 3 年累计投入 100 万元以上。

（六）近 3 年内取得与合作职业院校共享的知识产权证明（发明专利、实用新型专利、软件著作权等）累计 3 项以上。

（七）与高等学校合作建设现代产业学院或建设应用型人才培养基地，或拥有课程教材或教学辅助产品的知识产权证明（著作权、发明专利或软件著作权，不含实用新型专利）6 件及以上。

## 三、实施程序

产教融合型企业建设培育实行网上申报、网上受理、网上办理，采取先建后认的方式。

（一）申报。对符合申报条件的中央在粤下属企业或分支机构、省属国有企业、大型民营企业，由企业下载填写《广东省建设培育产教融合型企业申报表》（附件），上传相关佐证材料（PDF 格式）发送到 fgw_shc@gd. gov. cn。其他企业由各地市发展改革部门会同有关部门开展组织申报工作，经初核后报省级发展改革委。

（二）复核。省发展改革委、省教育厅、省工业和信息化厅、省人力资源社会保障厅、国家开发银行广东省分行等部门组织复核、专家评审和必要的现场考察。复核通过的企业列入产教融合型企业建设信息储备库，向全社会公示。

（三）培育。省相关部门及有关地市人民政府指导列入产教融合型企业建设信息储备库的企业开展建设培育工作，支持企业参与举办教育培训，开展实习实训，建立协同创新和成果转化机制。建设培育企业要制定并向全社会公开发布产教融合、校企合作 3 年规划，每家企业至少经过 1 年建设培育期。

（四）认定。根据国家产教融合型企业认定标准和评价办法，将建设培育期满符合条件的企业纳入我省产教融合型企业认证目录，按规定享受相应的优惠政策。纳入建设培育范围的企业，建立实施推进产教融合工作年报制度，并报省发展改革委备案。我省产教融合型企业认证目录实行动态管理。进入产教融合型企业认证目录的企业，每 3 年由省相关部门对其进行资格复核，复核合格的继续确认其产教融合型企业资格，不合格的不再保留资格。

## 四、支持政策

进入产教融合型企业认证目录的企业，享受以下支持政策。

（一）纳入产教融合型企业建设培育范围的试点企业，兴办职业教育投资符合规定的，可按投资额的 30%比例抵免该企业当年应缴教育费附加和地方教育附加。试点企业当年应缴教育费附加和地方教育附加不足抵免的，未抵免部分可在以后年度继续抵免。试点企业有撤回投资和转让股权等行为的，应当补缴已经抵免的教育费附加和地方教育附加。试点企业属于集团企业，其下属成员单位（包括全资子公司、控股子公司）对职业教育有实际投入的，可按规定抵免教育费附加和地方教育附加。

（二）企业建设实训基地优先获得国家开发银行广东省分行贷款申请资格，并视情况给予贷款利率优惠。符合条件的企业，在中央预算内资金项目申报上予以倾斜。

（三）信用良好的产教融合型企业在办理申请、审核时可享受简化手续、绿色通道等服务，优先推荐其参与评优评先活动。

（四）优先开展现代学徒制或企业新型学徒制培训。按规定开展新型学徒制培训的，给予企业每人每年 4000～8500 元的培训补贴。优先支持建设高技能人才培训基地、技能大师工作室。

（五）在企业创新平台、创业基地建设等方面给予优先支持，对企业符合条件的技术改造项目在技改资金申报上予以倾斜。

## 五、时间安排

（一）请各地市抓紧发布产教融合型企业申报方式和途径，组织开展本地区企业的申报、初核工作。第一批通过初核的企业于 2019 年 11 月 29 日前报送省发展改革委。

（二）省发展改革委在收齐各地转报材料后会同省相关部门于 10 个工作日内完成复核工作。

（三）企业申报不设时限，随时可以申报。视申报企业情况组织初核和复核，及时向社会公示入库企业名单。

## 六、失信惩戒

进入产教融合型企业认证目录的企业，有下列情况之一的，取消其入库资格，列入失信联合惩戒对象名单，且在 5 年内取消申报省发展改革委、省教育厅、省工业和信息化厅、省人力资源社会保障厅和国家开发银行广东省分行相关项目的资格。

（一）在申请认证、年度报告或考核过程中弄虚作假，故意提供虚假不实信息的。

（二）在资格期内发生重大环保、安全、质量事故，存在违法违规经营行为的。

（三）侵犯学生人身权利或其他合法权利的。

（四）其他原因列入失信联合惩戒对象名单的。

附件：广东省产教融合型企业建设培育申报表

## 附件

# 广东省产教融合型企业建设培育申报表

| 一、企业基本情况 | |
|---|---|
| 企业名称： | |
| 企业类型： | 所属行业： |
| 法定代表人： | 工商登记机关： |
| 企业联系人 | |
| 姓名： | 职务： |
| 办公电话： | 手机号码： |
| 二、校企合作情况 | |
| 1. 合作学校名称： | |
| 合作项目名称： | |
| 项目类型：资本□ 技术□ 知识□ 设施□ 管理□<br>其他类型(　　　　) | |
| 项目内容：实训基地□ 学科专业□ 教学课程□ 技术研发□<br>其他内容(　　　　) | |
| 合 作 期：已连续合作(　　)个月，当前双方签订的合作协议至(　　)年 | |
| 2. 合作学校名称： | |
| 合作项目名称： | |
| 项目类型：资本□ 技术□ 知识□ 设施□ 管理□<br>其他类型(　　　　) | |
| 项目内容：实训基地□ 学科专业□ 教学课程□ 技术研发□<br>其他内容(　　　　) | |
| 合 作 期：已连续合作(　　)个月，当前双方签订的合作协议至(　　)年 | |
| 三、申报条件 | |
| (一)企业具备的条件 | |
| 1. 独立举办或作为重要举办者参与举办职业院校(含技工院校，下同)或高等学校及职业培训机构。□ | |
| 2. 通过企业大学等形式，面向社会开展技术技能培训服务。□ | |
| 3. 参与组建行业性或区域性产教融合(职业教育)集团。□ | |
| 4. 开展现代学徒制或企业新型学徒制培训工作。□ | |
| 5. 近 3 年接收职业院校或高等学校学生(含军队院校专业技术学院)开展每年 3 个月以上实习实训累计达 60 人以上。□ | |
| 6. 承担实施 1+X 证书(学历证书+职业技能等级证书)制度或者职业技能等级认定试点任务。□ | |

续表

| 7. 与有关职业院校或高等学校开展有实质内容、具体项目的校企合作，通过订单班等形式共建3个以上学科专业点。□ |
| --- |
| 8. 以校企合作等方式共建实践教学基地、协同育人平台、协同创新中心、工程研究中心或产教融合实习实训基地，或者捐赠本科高校、职业院校教学设施设备，资助本科高校、职业院校开展校企合作协同育人项目等，近3年累计投入100万元以上。□ |
| 9. 近3年内取得与合作职业院校共享的知识产权证明（发明专利、实用新型专利、软件著作权等）累计3项以上。□ |
| 10. 与高等学校合作建设现代产业学院或建设应用型人才培养基地，或拥有课程教材或教学辅助产品的知识产权证明（著作权、发明专利或软件著作权，不含实用新型专利）6件及以上。 |
| （二）企业自查情况简述 |
|  |

填表说明：

1. 项目类型：可多选；□中打√；其他类型（　　）中用简要文字表述。

2. 项目内容：可多选；其他内容（　　）中用简要文字表述。

3. 校企合作学校不足两个的，第二个合作学校内容不填；超过两个的，请按格式自行插入表格填写“合作学校名称、合作项目名称、项目类型、项目内容、合作期”。

4. 具备条件：可多选；□中打√；对选定的具备条件，企业要提供相关证明材料（PDF）。

5. 企业自查情况简述：请围绕本企业是否符合公告中提出的“建设培育企业范围”“建设培育企业条件”等要求进行自查，并将自查简要情况填入表中，字数不超过300字（小四号宋体）。

# 参考文献


[1] 朱华旭. 现阶段建筑工程造价管理存在的问题与对策 [J]. 财经问题研究，2016（12）：148-152.

[2] 竹隰生，张瑞俏，李成栋. 基于造价工程师考试数据的工程造价人才现状研究 [J]. 工程造价管理，2020（05）：29-36.

[3] 张晓东，仲青，吴明庆. 基于工程量清单计价模式下的已竣工工程数据库建设 [J]. 建筑技术，2017，48（11）：1227-1230.

[4] 柳强. 建筑工程项目施工阶段成本控制问题及对策研究 [J]. 价值工程，2020，39（11）：119-120.

[5] 李敬升. 建设工程合同的管理与法律纠纷的防范——评《工程造价管理基础知识与相关法规》[J]. 科技管理研究，2020，40（16）：274.

[6] 张永成，郭帅，叶艳兵. 大数据视角下工程造价数据信息服务体系 [J]. 土木工程与管理学报，2020，37（01）：106-111.

[7] 廖礼平. 工程造价咨询企业发展现状及对策 [J]. 企业经济，2016（07）：130-135.

[8] 张培. 基于改进结构熵权—灰关联的企业诚信评价研究——以工程造价咨询企业为例 [D]. 西安：西安建筑科技大学，2017.

[9] 王幸源. 基于 BIM 技术的中等职业学校土建信息化人才培养研究 [D]. 郑州：河南大学，2019.

[10] 焦安亮，张鹏，侯振国. 建筑企业推广 BIM 技术的方法与实践 [J]. 施工技术，2013，42（01）：16-19.

[11] 张馨月. 工程造价咨询企业信息化驱动因素及推进对策研究 [D]. 重庆：重庆大学，2018.

[12] 彭金平. 我国工程造价信息化建设的障碍及保障体系研究 [D]. 重庆：重庆大学，2015.

[13] 赵世强，肖虎. 大数据环境下工程造价信息化建设的思考 [J]. 科技创新与应用，2016（12）：271-272.

[14] 林敏，熊向阳. 工程造价管理专业本科学生实践教学培养体系的研究 [J]. 铁路工程造价管理，2008（04）：14-17.

[15] 黄大文，李立新，陈兴海. 工程管理专业应用型本科人才培养模式探索 [J]. 高等工程教育研究，2007（S1）：51-53.

[16] 龚维丽. 工程造价的确定与控制：第二版 [M]. 北京：中国计划出版社，2001.

[17] 佘健明. 在中国工程咨询协会项目管理指导工作委员会第一次工作会议上的讲话 [J]. 工程建设项目管理与总承包，2003，012（005）：1.

[18] 刘耿辉. “刀刃向内”推动广东省工程造价市场化改革 [N]. 中国建设报建筑半月谈，2020-8-27.

[19] 李文娟. BIM 技术在建筑工程造价管理中的应用研究 [J]. 工程经济，2016（7）：9-11.

［20］ 宋靖华，朱羽翼，游绍勇. 基于 BIM 技术的工程项目全过程造价控制研究［J］. 建筑经济，2020，41（05）：88-91.
［21］ 万玲，王琼，李阳春，等. BIM 技术在建设工程项目成本控制中的应用研究［J］. 价值工程，2019，38（01）：185-187.
［22］ 张柏松，李相明. BIM 技术在造价管理中的应用探讨［J］. 工程造价管理，2020（06）：84-88.
［23］ 中国建设工程造价管理协会. 中国工程造价咨询行业发展报告（2020 版）［M］. 北京：中国建筑工业出版社，2020.
［24］ 王琼，黄建功. 人工智能背景下工程造价行业劳动力的影响效应研究［J］. 工程造价管理，2020（03）：47-52.
［25］ 房光玉，刘寨民. 应用大数据构建工程造价数据库［J］. 工程造价管理，2020（04）：82-87.
［26］ 王学通，刘景矿，王东，等. “互联网＋”背景下工程造价人才培养模式创新［J］. 项目管理技术，2018，16（11）：38-43.
［27］ 胡秀茂. 工程造价咨询行业现状分析和发展的探讨［J］. 工程造价管理，2018（02）：86-91.
［28］ 陈仲泽. 工程造价精细化管理途径与方法［J］. 居舍，2019（03）：135.
［29］ 只飞. 工程造价行业全面步入数字化管理时代——《数字造价管理 2020》助力工程造价行业转型升级浅析［N］. 中国建设报，2020-07-31（006）.